# ○○ 없는 리더의
# 50가지 그림자

## ○○ 없는 리더의 50가지 그림자

**초판 1쇄 발행** 2025년 8월 31일

**지은이** 서유정
**펴낸이** 장길수
**펴낸곳** 지식과감성#
**출판등록** 제2012-000081호

**교정** 한장희
**디자인** 이현
**편집** 이현
**검수** 김지원
**마케팅** 김윤길

**주소** 서울시 금천구 벚꽃로298 대륭포스트타워6차 1212호
**전화** 070-4651-3730~4
**팩스** 070-4325-7006
**이메일** ksbookup@naver.com
**홈페이지** www.knsbookup.com

ISBN 979-11-392-2772-7(03320)
값 16,800원

- 이 책의 판권은 지은이에게 있습니다.
- 이 책 내용의 전부 또는 일부를 재사용하려면 반드시 지은이의 서면 동의를 받아야 합니다.
- 잘못된 책은 구입하신 곳에서 바꾸어 드립니다.

지식과감성#
홈페이지 바로가기

# ○○ 없는 리더의 50가지 그림자

서유정

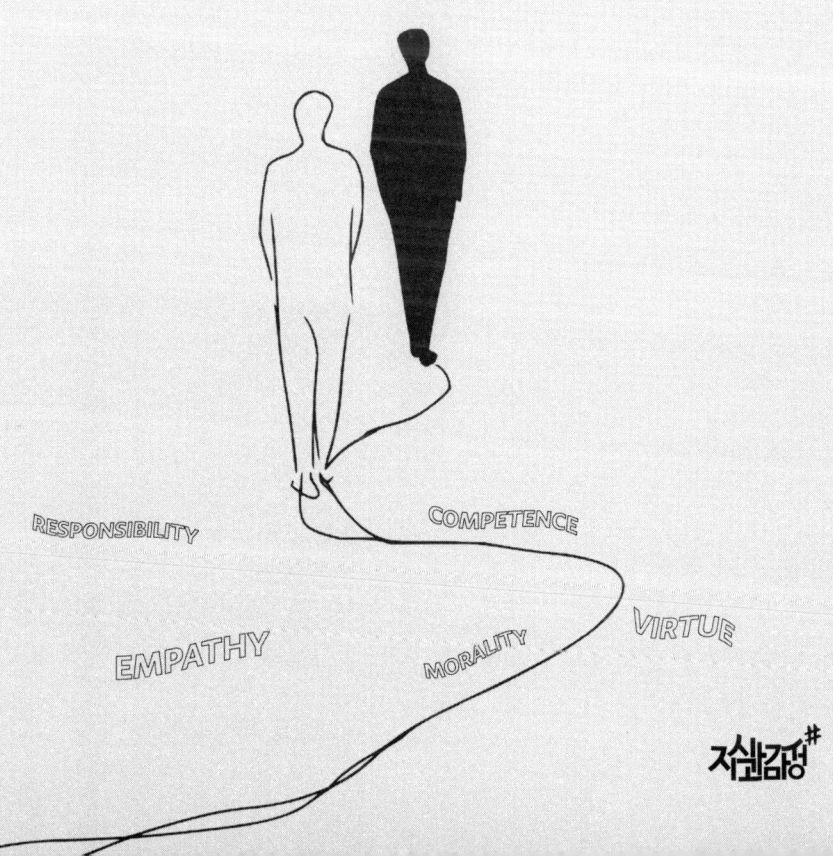

# 들어가며:
# 조직과 사람을 소진시키는 Toxic 리더

"이 사람 밑에서 일하면 사람이 망가져요."

퇴사를 앞둔 어느 직장인이 남긴 말입니다. 농담처럼 들리지만 그 안에는 조직과 사람에 대한 깊은 상처와 피로가 담겨 있습니다.

수집된 사례 속의 리더들이 모두 처벌받을 만한 폭언이나 괴롭힘을 하는 건 아닙니다. 하지만 효율 없이 팀만 바쁘게 만들거나, 스스로를 돌아보지 않고 독단적으로 움직입니다. 잘못이 생기면 책임은 직원에게 떠넘기고, 강약약강의 태도를 보이며, 직원 안의 '사람'을 보지 않습니다. 그들은 조직을 지치게 하고 무기력하게 만듭니다.

리더로서의 미덕은 없으나, 오히려 그렇기 때문에 더 승승장구하기도 합니다. 이런 모순된 현실이 책의 시작점이었습니다.

이 책은 그들의 사례를 통해 리더십의 본질을 되짚어 보고, 성과 중심의 문화가 놓치고 있는 '사람의 감정'과 '관계의 온도'에 대해서도 이야기하고자 합니다. 비판으로만 끝내는 것이 아니라, 마지막 장을 통해 사람을 먼저 생각하고, 책임을 함께 지며, 이익보다 사람을 우선시하는 리더들의 이야기도 담고자 했습니다.

이 책이 조직 속에서 상처받았던 분들에게는 작은 위로가, 리더가 되고자 하는 분들에게는 따뜻한 나침반이, 그리고 지금 리더인 분들에게는 자신을 돌아보는 거울이 되길 바랍니다.

## 목차

들어가며: 조직과 사람을 소진시키는 Toxic 리더  4

## I
## 효율 없는 리더

- **그림자 1**  내 사무실 앞에서 대기해.  15
- **그림자 2**  진행해. 취소해. 다시 준비해. 취소해.  17
- **그림자 3**  혹시 ~할지 모르니까 대기해. 휴가 쓰는 것도 자제해.  20
- **그림자 4**  상사 말 못 알아듣는 건 직원이 눈치가 없어서야.  23
- **그림자 5**  처음부터 끝까지 혼자 다 할 거면 왜 중간에 보고를 안 했어?  26
- **그림자 6**  리더 역할은 지시하는 거고, 일할 방법 찾는 건 직원이 해야지.  29

## II
## 성찰 없는 리더

- **그림자 7**  내가 사람 보는 눈 하나는 좋지.  34
- **그림자 8**  넌 하고 싶어도 하지 마.  37
- **그림자 9**  저 친구는 일이 느려서 제가 다 챙겨야 돼요.  39
- **그림자 10**  이거 해. 아니야, 저거 해. 아니야, 다른 거 해.  41

## III
## 인력 활용 역량 없는 리더

- **그림자 11**  이 사람 일 진짜, 진짜 못해요. 못해요. 못해요. 못해요.  47
- **그림자 12**  나 때는 상사가 지시하면 이것도 저것도 다 했어.  49
- **그림자 13**  우리처럼 작은 조직에선 다 이렇게 해.  52
- **그림자 14**  다 너 경험 쌓아 보라고 시키는 거야.  54
- **그림자 15**  너 혼자만 야근.  57
- **그림자 16**  언제든 내 질문에 칼같이 대답할 줄 알아야 해.  59

## IV
## 책임감 없는 리더

- **그림자 17** 직원이 회사를 위해서 희생할 줄도 알아야지. 65
- **그림자 18** 기안 올린 건 너잖아. 68
- **그림자 19** 네가 알아서 다 수정해. 71
- **그림자 20** 강의 원고를 제 직원이 썼어요. 74
- **그림자 21** 건강 관리는 자기 개인 책임이지. 77

## V
## 줏대 없는 리더

- **그림자 22** 젊은 사람이 먼저 사과해. 후배가 먼저 사과해. 83
- **그림자 23** 사과 한마디만 하면 되는데 뭘 그렇게 복잡하게 굴어? 86
- **그림자 24** 그냥 사유서 하나 쓰면 되는 거야. 88
- **그림자 25** 고객한테 갑질 당하는 건 네가 잘못해서야. 91
- **그림자 26** 화장실 갈 때도 매번 보고하고 가. 95
- **그림자 27** 출장 갔다 오면서 (사장님) 사모님하고 자제분들 선물 챙겨 와. 98
- **그림자 28** 젊은 직원들 얼른 나와서 사장님 맞이해. 101
- **그림자 29** 사장님 술잔 비었다. 잔 채워 드려야지. 104

## VI
## 존중 없는 리더

- **그림자 30** 휴가 가서도 5분 대기조로 일해. 110
- **그림자 31** 너네 할머니 죽는 게 나랑 무슨 상관인데? 113
- **그림자 32** 한번 같이 일했으면 내 사람이지. 117
- **그림자 33** 자기 업무 얼마나 잘 이해했는지 설명해 봐. 119
- **그림자 34** (주말에도, 새벽에도) ○○ 좀 해 줘. 122
- **그림자 35** 퇴근했어도 다시 출근해. 125

## VII
## 양심 없는 리더

- 그림자 36　(논문 쓴 너는) 마지막 저자야.　130
- 그림자 37　생각은 네가 하고, 실적은 내가 챙기고.　134
- 그림자 38　힘들게 사는 상사한테 그것도 못 해 줘?　136
- 그림자 39　너 폭력범이야. 신고할 거야!　140
- 그림자 40　이 친구 제가 참 아끼는 친구입니다.　143

## VIII
## 신의 없는 리더

- 그림자 41　네가 다 한 건 맞지만, 실적은 인정 못 해 줘.　149
- 그림자 42　다음 학기에는 졸업시켜 줄게. 줄게. 줄게.　152
- 그림자 43　이번만 네가 한 걸로 하자. 다음엔 내가 너 잘 끌어 줄게.　155
- 그림자 44　사비로 우선 쓰면 다 정산해 줄게.　158
- 그림자 45　이 사람이 내 와이프야.　161

## IX
## 공정성 없는 리더

- 그림자 46　너는 백인이 아니잖아 I　166
- 그림자 47　너는 백인이 아니잖아 II　170
- 그림자 48　그 사람 미국 명문대 출신이야.　173
- 그림자 49　같이 술도 마셔 줘야 내 사람 되는 거야.　176
- 그림자 50　출신 대학이 좀 그래서.　180

# X
## ○○ 있는 리더의 9가지 빛

- **빛 1** 효율 있는 리더: 떠날 사람이니까 후환이 두렵지 않습니다. 186
- **빛 2** 성찰 있는 리더: 내가 부족한 부분은 여러분의 강점으로 채워 주세요. 190
- **빛 3** 인력 활용 역량 있는 리더: 회사 걱정 말고 아이 잘 챙기세요. 193
- **빛 4** 책임감 있는 리더: 그 책임은 제가 지겠습니다. 196
- **빛 5** 줏대 있는 리더: 몇십억 프로젝트보다 네가 더 중요해. 200
- **빛 6** 존중 있는 리더: 우리 직원 한 사람 한 사람이 회사의 얼굴입니다. 203
- **빛 7** 양심 있는 리더: 그건 네 아이디어잖아. 206
- **빛 8** 신의 있는 리더: 노력해서 더 좋은 자리로 가야죠. 209
- **빛 9** 공정성 있는 리더: 조직은 실력으로 세워져야 합니다. 212

정리하며: 리더십의 두 얼굴 216

# I

## 효율 없는 리더

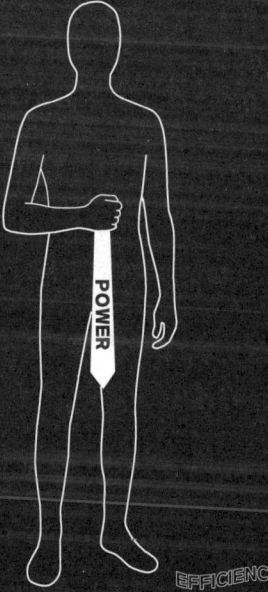

우리나라에 진출한 한 영국계 글로벌 기업은 영국인이라면 2~3명이 맡아서 할 일을 한국인 직원 한 명이 해내는 모습에 놀랐다고 합니다. 이렇듯 개개인은 역량이 높으나 우리의 노동생산성은 결코 높지 않습니다. 고작 아일랜드의 3분의 1, 영국의 65% 수준에 불과합니다. 이는 개인의 근면성이나 기술 부족 때문이 아닙니다. 조직이 사람을 쓰는 방식 자체가 비효율적이기 때문입니다.

〈표 I-1〉 우리나라와 해외 국가의 주간 평균 근무 시간 및 노동생산성 비교

| 구분 | 대한민국 | 일본 | 영국 | 호주 | 프랑스 | 독일 | 미국 | 스웨덴 | 노르웨이 | 아일랜드 |
|---|---|---|---|---|---|---|---|---|---|---|
| 주간 평균 근무 시간 | 37.9 | 36.7 | 30.7 | 32.8 | 30.7 | 29.7 | 36.4 | 29.2 | 27.1 | 31.0 |
| 노동생산성 (GDP/hr) | 50.1 | 53.4 | 76.7 | 78.9 | 86.7 | 90.9 | 91.5 | 95.6 | 161.8 | 162.5 |

출처: World Population Review(n.d.)[1], OECD(2024)[2].

『가짜노동』[3]의 저자 뇌르마르크(Nørmark) 역시 한국의 조직문화야말로 가짜 노동 문제를 적나라하게 보여 주는 대표 사례라고 꼽았습니다. 그가 지적한 가짜 노동의 원인은 다음과 같습니다[4].

---

1 World Population Review(n.d.) Average Workweek by Country 2024. 출처: world-populationreview.com/country-rankings/average-work-week-by-country(검색일: 2024.7.24.)
2 OECD (2024). OECD Compendium of Productivity Indicators 2024. 출처: www.oecd-ilibrary.org/industry-and-services/oecd-compendium-of-productivity-indicators-2024_1abf046c-en(검색일: 2024.7.23.)
3 데니스 뇌르마르크 & 아네르스 포그 옌센(2022). 가짜 노동: 스스로 만드는 번아웃의 세계. 이수역 역. 자음과 모음.
4 Gisselmann, A. (2024.7.2.) Keynote Speaking in Gangnam Style. 출처: www.linkedin.com/pulse/keynote-speaking-gangnam-style-anders-gisselmann-rvcdf/(검색일: 2025.2.23.)

- 위계가 강한 조직문화로 인해 상사의 부당한 요구를 거절하기 어렵다.
- 리더와 직원 간 낮은 신뢰로, 모든 인력관리가 통제와 문서 증빙 중심이다.
- 일자리의 불안정성 탓에 실직에 대한 두려움이 높다.
- 고학력자가 저숙련 일에 종사하면서 업무 성장 가능성 없이 시간 낭비를 경험한다.
- 조직문화가 생산성과 무관한 '긴 근무시간'을 독려한다.

이러한 인식은 직원을 가늘고, 길게, 비효율적으로 일하게 만듭니다. 불필요한 야근과 시간 낭비가 조직 전반에 퍼지고, 직원의 피로도가 높아지면서 건강에 문제가 생기고, 업무 집중도는 더더욱 떨어집니다.

우리나라의 '가짜노동(pseudowork)[5]' 시간이나 '유휴시간(Idle Time)[6]' 실태를 분석해 보면, 직급이 높아질수록 이런 시간의 비중이 더 높아지는 경향을 확인할 수 있습니다. 보고서 반복 작성, 형식적인 회의, 화려한 발표 자료 제작, 과도한 의전 등 불필요한 관행이 상층부에서부터 일상화되어 있으며, 때문에 비생산적인 업무 태도가 리더에서부터 일반 직원에게까지 점차 퍼져 나갑니다. 즉, 조직의 비효율은 아래에서 시작된 것이 아니라, 위에서 내려온 것입니다.

---

5  가짜 노동 시간: 업무처럼 보이지만 생산성에 기여하지 않는 업무에 허비되는 시간
6  유휴 시간: 업무와 무관한 일로 낭비되는 시간 또는 담당 업무 없이 방치되는 시간

&lt;표 I-2&gt; 직종 및 직급별 주간 유휴시간 실태

| 구분 | 직급* | | | | |
|---|---|---|---|---|---|
| | 경영자/임원 | 상급 관리자 | 중간 관리자 | 평사원 (후임 있음) | 평사원 (후임 없음) |
| 주간 근무시간(시간) | 52.07 | 45.55 | 43.05 | 42.77 | 41.61 |
| 유휴시간(시간) | 13.14 | 10.40 | 10.53 | 10.44 | 10.05 |
| 근무시간 대비 유휴시간 비중(%) | 25.2 | 22.8 | 24.5 | 24.4 | 24.2 |

재구성: 서유정 (2025.3). 낭비되는 노동시간의 실태: 노동자의 직업윤리 부족만이 문제일까?[7]

이처럼 긴 노동시간은 우리나라의 여러 사회적 문제와 깊은 관련이 있으며, 특히 최근에는 저출산 문제의 원인이 된다는 여러 국외 전문가의 지적이 있었습니다(Durand, 2018.11.26 한국일보 인터뷰[8]; Scaffeta, 2019[9]; Clarke, 2019[10].). 리더의 인력 활용 역량과 업무 지시 역량이 떨어지니 노동자가 무의미하게 체력과 역량을 낭비하게 되어 노동시간이 길어지고, 피로에 지친 노동자의 업무 집중도가 떨어지면서 생산성이 하락하는 악순환이 이어지는 것입니다.

효율성 모르는 리더의 낮은 역량으로 발생한 대표적인 인식이 "야근하는 사람이 성실한 사람이다", "상사가 개떡같이 말했어도 찰떡같이 알아먹어야 한다"라는 것입니다. 이런 생각을 하는 리더는 과거에는 너무나 흔했습니다. 또한 지금도 적잖은 리더들이 같은 생각을 갖고 있습니다.

---

7   서유정(2025.3). 낭비되는 노동시간의 실태: 노동자의 직업윤리 부족만이 문제일까?
8   한국일보(2018.3.26.). 한국 저출산 해법은 여성근로시간 단축. 출처: www.hankookilbo.com/News/Read/201803261737433555(검색일: 2024.8.14.)
9   Stefano Scarpetta(2019.10.28). 변화하는 한국 사회를 위한 아동·가족 정책. 2019 국제 인구 컨퍼런스. 서울.
10   Chris Clarke(2019.10.28.). 한국노동시장에서의 여성과 일-생활 균형 향상 방안. 2019 국제 인구 컨퍼런스. 서울.

일하는 '시간'을 기준으로 직원을 평가하는 건, 리더가 직원의 실제 성과를 중심으로 판단할 역량이 되지 않음을 보여 줍니다. 또한 모호한 지시를 내려 놓고 직원이 알아서 처리하길 기대하는 건 리더에게 실무 능력이 없거나, 업무 수행 방식을 설명할 소통 능력이 없음을 보여 줍니다.

인력 활용 역량 없는 리더 밑에서 직원의 소중한 시간은 쉽게 낭비됩니다. 그들의 시간이 생산성에 '1'도 기여하지 않는 가짜노동과 유휴시간으로 채워지고, 조직은 점점 더 생산성 낮은 체질로 굳어집니다.

### 그림자1 내 사무실 앞에서 대기해.

*"(리더가) 보고를 받겠다고 불러요. 막상 가 보면 다른 회의를 하고 있거나, 통화하고 있거나… 그럼 그냥 계속 (사무실 문 앞에) 서서 기다려야 하는 거예요."(경험자, 남성)*

본 사례의 리더는 업무 보고를 하라며 직원을 불러 놓고 무작정 대기하게 했습니다. 리더의 비효율적인 관리 방식이 직원의 노동시간을 어떻게 허비하게 만들고, 더 나아가 신체적·정서적 소진을 유발하는지 여실히 보여 주는 경우였습니다.

**A. 사례자:** 경험자/목격자

**B. 경험자:** 남성, 30대, 평사원

**C. 리더:** 남성, 40대, 부서장

### D. 발생한 사건과 배경

경험자는 리더의 지시에 따라 수차례 보고를 위해 상사 사무실 앞으로 불려 갔지만, 정작 리더는 회의 중이거나 통화 중, 혹은 다른 사적인 업무(예: 투자 정보 검색)로 바빠 직원과의 면담을 미뤘습니다.

경험자는 그 자리에 서서 20-30분이 아닌, 1-2시간 이상을 기다려야 했고, 이는 단지 업무 차질을 넘어 정신적 스트레스와 신체적 피로까지 가중시키는 행위였습니다. 업무 보고를 받을 때마다 매번 같은 식이었습니다. 때로는 흡연실로 직원을 불러내어 한참 잡담을 늘어놓기도 했습니다. 쌓여 있는 업무 때문에 마음이 급한 직원이 계속 시계를 봐도 눈치 없이 계속 제 할 말만 하며 1시간 이상씩 잡아 두곤 했습니다.

### E. 경험자(또는 경험자 가족)의 대응

경험자는 이러한 관리 방식이 부당하고 비효율적이라는 것을 명확히 인지하고 있었지만, 어디나 다 마찬가지일 거라고 생각했습니다. 그만큼 시간 낭비형 관리 문화가 여러 조직에서 일상적으로 존재하고 있음을 보여 주는 대목입니다.

### F. 조직 내부의 대응

조직 전반적으로 시간을 낭비하는 관리 행위가 일상이었고 아무런 개입이 없었습니다.

### G. 리더의 반응

신고가 없었던 만큼, 리더는 자신의 행위가 문제라는 인식조차 하지 않았으며, 개선하려는 시도도 전혀 보이지 않았습니다.

## H. 경험자 및 주변인에게 남겨진 영향

경험자를 포함한 동료들은 야근이 잦았지만, 일 때문이 아니라 낭비된 시간을 만회하기 위한 것이었습니다. 정시에 퇴근하면 "충성심이 없다"라는 말을 들어, 오히려 야근하는 부서가 '열심히 일한다'고 평가받았습니다. 무의미하게 근무시간을 낭비하는 구조 속에서 직원들은 점점 무력감에 빠졌고, 아무리 문제를 제기해도 달라질 수 없다는 학습된 무기력 상태에 놓였습니다.

## I. 시사점

이 사례는 '비효율적인 지시 체계'가 어떻게 직원들의 생산성을 떨어뜨리고, 동시에 조직 전반의 업무 태도까지 무기력하게 만들 수 있는지를 보여 주는 대표적인 예시입니다.

직원의 시간과 정신을 존중하지 않는 리더는, 결과적으로 조직 전체의 몰입도와 효율성을 해치게 됩니다. "지시하는 사람은 말 한마디로 시간을 허비하고, 실무자는 그 시간을 회복하지 못한 채 지쳐간다"라는 이 간극이 조직이 마주한 생산성 저하의 실체를 보여 줍니다.

### 그림자 2 진행해. 취소해. 다시 준비해. 취소해.

"언제 행사할 거니까 행사장 잡고, 연락 돌리라고 해요. (준비 다 해 두고 나면) 하루 이틀 전에 갑자기 취소하라고 해요. 이걸 몇 번씩 반복하다 보면 사람 돌아 버리죠."(경험자, 남성)

행사 준비는 단순히 날짜와 연락만으로 끝나지 않습니다. 장소 섭외, 예산 관리, 내빈 응대, 연단 구성, 리허설 등 수많은 일들이 동반됩니다다. 이런 준비가 모두 끝난 시점에서 "취소하라"라는 말 한마디는 실무자에게 막대한 소진과 무력감을 안깁니다. 리더급의 즉흥적이고 무책임한 결정이 어떻게 직원과 조직을 소모시키는지 보여 줍니다.

우리가 선진국이라고 부르는 나라의 리더급은 일정이 몇 달 뒤까지, 심지어 1-2년 뒤까지 잡혀있는 경우가 많습니다. 그들은 함부로 일정을 취소하지 않습니다. 갑작스러운 일정 취소는 함께 자리하기로 한 사람과의 신뢰를 깨는 것이기 때문입니다. 우리나라의 리더급들도 갖추야 할 소양이라고 생각됩니다.

**A. 사례자:** 경험자/목격자

**B. 경험자:** 남성, 20대, 평사원

**C. 리더:** 남성, 50대, 본부장급 보직자

**D. 발생한 사건과 배경**

경험자와 동료들은 조직 내 행사와 의전 실무를 담당했습니다. 행사 일정은 고위급 인사의 일정 변동으로 자주 취소되거나 변경되었고, 그때마다 이미 마친 예약과 준비를 모두 되돌려야 했습니다. 이 과정에서 업체 항의 전화를 받고, 블랙리스트에 오르는 등 2차 피해도 잇따랐습니다. 경영진은 "성대하게 하라"라면서도 실무에 필요한 지원은 제대로 해 주지 않았고, 행사가 재개될 때마다 모든 준비를 처음부터 다시 해야 했습니다.

갑작스럽게 행사를 준비하다가 놓친 부분이 생기면, 내빈들로부터 "이게 무슨 행사냐", "기강이 없다"라는 비난이 직접적으로 쏟아졌고, 실무자들은 심각한 자괴감에 빠졌습니다.

### E. 경험자(또는 경험자 가족)의 대응
경험자는 리더의 무책임한 지시와 반복되는 일정 변경에 대해 부당하다는 인식은 하고 있었고 건의를 해 보기도 했습니다. 하지만 나아지는 것은 없었고, 이것이 조직문화라고 체념하게 되었습니다.

### F. 조직 내부의 대응
경영진은 지시와 취소가 반복되는 상황이 왜 문제인지 전혀 이해하지 못했습니다.

### G. 리더의 반응
리더는 "전화 몇 통 하는 게 뭐가 어렵냐"라는 식으로 실무진의 고충을 가볍게 여겼습니다. 반복되는 행사 변경과 감정노동을 단순히 '감정적 약함'으로 치부했습니다.

### H. 경험자 및 주변인에게 남겨진 영향
경험자가 속한 부서는 조직 내 '무덤'이라 불렸습니다. 화려해 보이는 업무 뒤에 과중한 노동과 반복되는 좌절이 도사리고 있었습니다. 경험자는 부서 이동을 원하지만 대기자가 많아 쉽지 않고, 의전 업무 외에 다른 경력이 없어 이직도 어려운 상태입니다. 극심한 피로와 회의감 속에서 하루하루를 버티고 있다고 말합니다.

## I. 시사점

본 사례는 조직 내 고위권력자의 즉흥적인 판단과 일정 변경이 일선 실무자에게 어떤 파장을 일으키는지를 보여 주는 사례입니다. 단순히 "이벤트 몇 개 준비했겠지"라는 외부의 시각과 달리, 일정을 반복해서 잡고 취소하는 과정에서 실무자가 겪는 감정적·신체적·사회적 피해가 결코 적지 않음을 보여 줍니다. 무책임한 리더십과 권력의 흐름, 조직문화가 실무자의 건강을 어떻게 훼손하고, 조직 신뢰를 갉아 먹는지 드러내는 또 하나의 사례입니다.

**그림자 3** 혹시 ~할지 모르니까 대기해. 휴가 쓰는 것도 자제해.

"비수기에 주로 휴가를 써요. 일이 많을 때는 휴가 쓰기도 힘들고, 눈치 보이고 해서요. 그런데 그것도 자제하래요. (갑 조직)에서 언제 뭐 해 달라고 할지 모르니까 대기해야 한다고."(경험자, 여성)

EU의 평균 연차 수는 24.3일입니다. 입사 후 근속년에 따라 휴가 수가 증가하는 우리나라와는 달리, EU 국가는 보통 근속년과 무관하게 같은 연차 수를 부여합니다. 세계에서 노동생산성 1, 2위를 다투는 노르웨이는 연차 수가 25일입니다. 우리나라처럼 천연자원이 부족하여 인력 의존도가 높은 독일도 연차 수는 최저 20일, 보편적으로 25-30일입니다. 이런 독일의 노동생산성은 우리나라의 1.5배에 달합니다. 충분히 휴식한 직원이 높은 생산성을 낼 수 있음을 잘 알고 있는 것입니다. 이런 국가의 조직은 직원이 휴가를 내도 회사업무에 지장이 가지 않을 만큼, 적정한 수의 인력을 고용하고 있기도 합니다.

하지만 국내에는 여전히 연차를 직원의 권리가 아닌, 회사가 직원에게 베풀어 주는 혜택처럼 착각하는 리더들이 있습니다. 그들은 연차 사용을 '허가해 주는 일'이라 여기며, 막연한 가능성을 이유로 직원의 권리를 침해하곤 합니다. 이 사례는 그런 왜곡된 인식이 어떻게 개인의 휴식을 빼앗고 조직에 무기력을 퍼뜨리는지를 보여 줍니다.

**A. 사례자:** 경험자/목격자

**B. 경험자:** 여성, 40대, 대리급

**C. 리더:** 남성, 40대, 부서장

**D. 발생한 사건과 배경**

경험자는 평소 비수기에 집중적으로 연차를 사용해 왔습니다. 다른 동료들이 평소에 연차를 쓸 때는 기꺼이 그 빈자리를 채웠습니다. 경험자는 엄연히 할당된 연차 일수 내에서 사용하는 것이지만, 리더는 경험자만 연차를 길게 간다며 언짢아하곤 했습니다. 그러다 어느 해에는 "갑 조직에서 갑자기 요청이 들어올 수 있으니, 연차를 자제하고 대기하라"라고 요구했습니다.

같은 부서의 다른 직원들은 자유롭게 휴가를 쓰고 있었음에도 경험자만 이런 제약을 받았습니다. 다른 직원들에 비해 한번 휴가를 가면 더 길게 가는 편이라는 것이 그 이유였습니다.

그 배경에는 경영진이 '자리 비우는 직원을 곱게 보지 않는다는' 인식이 자리 잡고 있었습니다. 즉, 리더는 경영진에게 잘 보이기 위해 그들

I. 효율 없는 리더 21

이 문제로 삼을 만한 휴가는 미리 차단해야 한다는 왜곡된 충성심을 발휘한 것입니다. "언제 지시가 올지 모르니 무작정 대기하라"라는 발언은 직장 내 서열 관계를 이용한 우월적 지시이며, 직원의 연차 사용 권한을 침해하는 것이기도 합니다.

### E. 경험자(또는 경험자 가족)의 대응
경험자는 리더의 행위가 직접적인 괴롭힘은 아닐지라도 명백히 부당한 통제라고 인식하고 있었습니다.

### F. 조직 내부의 대응
신고가 없었기 때문에 조직 내부의 대응은 없었습니다.

### G. 외부 기관의 대응
신고가 없었기 때문에 외부 기관의 대응도 없었습니다.

### H. 리더의 반응
직접적인 문제 제기가 없었기 때문에 리더는 자신의 행동을 '조직을 위한 합리적 판단'이라 여기고 있었으며, 경험자의 감정이나 권리에 대해서는 전혀 고려하지 않았습니다.

### I. 경험자 및 주변인에게 남겨진 영향
경험자는 그나마 연차 사용 권리가 직원으로서 회사에서 누릴 수 있는 유일한 권리라고 생각해 왔습니다. 그런 권리마저 침해당하자 불쾌감과 함께 조직에 대해 '신물이 나는' 기분을 느끼고 있습니다. 심지어 비수기에도 연차를 쓰는 것이 '문제가 될 수 있다'는 암묵적인 통제가 자리 잡게 되면서, 경험자는 "이제는 언제 휴가를 써야 할지 모르겠다"라고 말하고 있습니다. 당연한 권리인 연차조차 자유롭게 쓸 수 없다는 현실이 경험자를 더욱 정서적으로 지치게 만들고 있습니다.

### J. 시사점

연차는 법적으로 보장된 노동자의 권리이며, 회사는 이를 '배려'하거나 '허락'하는 위치가 아닙니다. 하지만 눈치 연차, 허락받는 연차, 순번 연차, 공정하지 않은 연차 기회 등의 문화는 지금도 사회 곳곳에 팽배해 있습니다. 우리나라의 연차 일수는 OECD 평균보다 훨씬 낮습니다. 직원은 충분한 휴식이 필요한 '사람'입니다. 연차도 쓰지 않고 일하도록 압박한다면, 직원의 장기적인 건강 문제와 조직의 생산성 저하 문제도 개선되기 어렵습니다.

### 그림자 4 상사 말 못 알아듣는 건 직원이 눈치가 없어서야.

*"뭐라고 말을 하긴 하는데 요점이 뭔지를 알 수가 없었어요. 이 말 했다, 저 말 했다. 그러다 끝에 알았지? 잘해 봐."(경험자, 남성)*

본 사례의 리더는 말의 전달력이 현저히 떨어지는 리더였습니다. 그는 지시를 내리는 자리에 있었음에도 불구하고, 무슨 일을 시키는지 정확하게 설명하지 못했습니다. 잡담과 사적인 이야기만 길고, 정작 업무의 핵심이나 우선순위는 설명하지 않았습니다. 그러면서도 "알았지? 잘해 봐."라는 말로 마무리했고, 부하가 다시 물으면 "말귀도 못 알아듣냐"라고 나무랐습니다.

**A. 사례자:** 경험자/목격자

**B. 경험자:** 남성, 30대, 평사원

**C. 리더:** 남성, 50대, 부서장

**D. 발생한 사건과 배경**

경험자는 두 번째 직장에서 이 리더를 만났습니다. 리더의 말은 늘 장황했지만 정작 무엇을 어떻게 하라는 건지 알 수 없었습니다. 지시는 문서로도 정리되지 않았고, 본인의 경험담이나 다른 조직 이야기에 섞여 흘러갔습니다. 경험자뿐 아니라 팀 전체가 "도대체 무슨 말을 하는 거냐"라며 혼란을 겪었고, 선배들조차 요점을 파악하지 못하는 상황이 반복됐습니다.

리더는 자신의 모호한 전달 방식을 전혀 반성하지 않았고, 오히려 "눈치가 없다"라며 직원들을 탓했습니다. 그 결과 팀은 방향을 잃고 우왕좌왕했고, 불필요한 일을 하거나 중요한 업무를 놓쳐 사고가 나기도 했습니다. 직원들은 성취감을 느끼지 못하고 지쳐 갔으며, 실제로 신경성 질환을 앓는 사람도 생겼습니다.

**E. 경험자(또는 경험자 가족)의 대응**

경험자와 동료들은 모두 리더의 의사소통 능력 부족을 문제로 인식했습니다. 하지만 무능력에 대한 문제 제기를 할 수 없었고, 마땅한 해결 방법 없이 감정을 내부적으로만 소화했습니다. 경험자는 "무능력이 괴롭힘이 될 수 있나?"라고 되묻기도 했으나, 아니라고 생각했기 때문에 리더를 신고하는 일은 없었습니다. 리더가 없는 자리에서 다른 동료들과 리더의 무능력을 한탄하는 식으로 감정을 해소하고 있었습니다.

무능력 자체는 괴롭힘이 아닙니다. 하지만 이 사건은 단순한 무능력의 문제를 넘어, 리더로서의 책임을 회피하고, 직원에게 책임을 전가함으로써 명백한 정신적 스트레스를 유발한 괴롭힘 사례라고 볼 수 있습니다. 무능력한 상사가 그로 인해 발생한 문제를 후임에게 떠넘기는 것은 생각보다 흔한 갑질 형태입니다.

**F. 조직 내부의 대응**

경험자나 다른 동료 누구도 공식적으로 문제를 제기하지 않았기 때문에, 조직 차원의 대응은 이루어지지 않았습니다. 하지만 이 사건은 리더 선발과 교육 시스템이 부실하다는 조직의 구조적 한계를 드러냅니다. 지시를 내릴 자리에 적합한 언어능력과 리더십을 갖추지 못한 사람에게 팀을 맡긴 결과는 부서 전체의 혼란과 비효율로 이어졌고, 그 피해는 직원들이 고스란히 떠안게 되었습니다.

**G. 리더의 반응**

공식적인 신고가 없었기 때문에 리더는 본인의 행동에 대해 아무런 문제의식을 느끼지 못했습니다. 그는 조직 내에서 성실한 직원으로 인식되고 있었으며, 상사의 지시를 잘 따르는 사람이라는 평가를 받아 왔습니다. 그러나 지시를 따르는 것과 지시를 내리는 것은 전혀 다른 역량입니다. 본인은 상사에게 충실했을 수 있으나, 직원에게는 혼란과 스트레스를 유발하는 무능력한 리더였습니다.

### H. 경험자 및 주변인에게 남겨진 영향

경험자와 팀원들은 소속감을 잃고 무력감에 빠졌습니다. 아무리 열심히 일해도 성취감을 느끼지 못했고, "가슴에 사표 하나 품고 산다"라는 말이 현실이 되었습니다. 팀 전체의 사기도 크게 저하됐습니다.

### I. 시사점

조직은 리더 한 사람의 말투와 소통 능력이 얼마나 큰 영향을 미치는지 직시해야 합니다. 리더 선발과 교육은 단순히 경력이나 충성심을 기반으로 해선 안 됩니다. 리더로서 갖춰야 할 미덕과 명확한 의사소통 역량을 갖춘 사람을 선발해야 하며, 또한 리더로 선발된 이후에도 지속적인 교육이 필요합니다. 그렇지 않으면 무능한 리더로 인해 업무의 효율성이 하락하고, 비효율적인 업무환경 속에서 직원이 고통받으며, 조직 전체의 경쟁력을 해치게 될 것입니다.

**그림자 5** 처음부터 끝까지 혼자 다 할 거면 왜 중간에 보고를 안 했어?

*"업무를 끝낸 후에 제출했더니, 왜 중간에 보고를 안 했냐고 혼났어요. … 중간중간에 물어도 알아서 하라며 별말도 없었거든요."(경험자, 여성)*

이 사례의 리더는 업무 진행 과정에 대한 지시나 피드백 없이, 결과만으로 직원을 질책하는 전형적인 책임 회피형 리더였습니다. 특히 신입이나 경험이 적은 직원일수록 중간 점검과 피드백이 필수인데, 그는 아무런 관리도 없이 모든 책임을 경험자에게 떠넘겼습니다.

**A. 사례자:** 경험자/목격자

**B. 경험자:** 여성, 20대 후반, 비정규직 신입

**C. 리더:** 남성, 40대 중반, 부서장

**D. 발생한 사건과 배경**

경험자는 다른 부서로 발령받아 익숙하지 않은 업무를 맡게 됐습니다. 기존 부서와 전혀 다른 시스템과 절차 탓에 작은 일 하나하나도 리더의 확인이 필요했지만, 리더는 "알아서 해 보라"며 대수롭지 않게 넘겼습니다. 중간중간 피드백을 구하려 했지만 "그건 스스로 배우면서 하라"며 경험자를 차단했습니다.

경험자는 스스로 일을 마무리하고 최종 결과를 제출했으나, 리더는 결과물이 마음에 들지 않는다며 "왜 중간보고를 안 했느냐"라고 크게 질책했습니다. 경험자가 "보고드리려 했는데 알아서 하라고 하셔서…."라고 답하자, 오히려 "핑계 대지 마라"라고 몰아붙였습니다.

**E. 경험자의 대응**

처음에는 경험자도 자신의 잘못인가 싶어 자책했습니다. 그러나 동료들이 "그 사람 맨날 그래"라고 말해 주며, 리더의 문제임을 깨달았습니다. 경험자는 고충창구에 상담을 신청했지만 정식으로 신고하지는 못했습니다. 조직 분위기상 자신을 지켜줄 것 같지 않았기 때문입니다.

**F. 조직 내부의 대응**

공식적인 신고가 없었기에 조직은 대수롭지 않게 여겼고, "그 정도는 누구나 겪는 일"이라며 넘겼습니다. 이후 경험자는 해당 업무에서 제외되고 다른 프로젝트로 옮겨졌습니다. 리더는 변함없이 같은 방식으로 팀을 이끌고 있었습니다.

**G. 리더의 반응**

사건 이후에도 리더는 경험자에게 눈길조차 주지 않았습니다. 오히려 경험자가 다른 부서로 이동한 뒤, "그런 친구는 업무 감각이 너무 없어"라는 이야기를 주변에 퍼뜨리며 경험자의 이미지를 훼손하는 발언을 했습니다. 경험자는 리더의 이런 행동을 "은근한 왕따" 조장이라고 느꼈습니다. 하지만 공개적으로 문제를 제기할 용기는 나지 않았습니다. 본인은 조직에서 이제 겨우 자리를 잡아 가고 있었기 때문입니다.

**H. 경험자 및 주변인에게 남겨진 영향**

경험자는 자신의 능력 부족으로 오해받았다는 점이 가장 억울하다고 말했습니다. 노력했음에도 불구하고 평가받지 못하고 질책을 당한 경험은 그의 자존감과 자신감을 크게 떨어뜨렸습니다. 동료들 중 일부는 상황을 이해해 주었지만, 대부분은 경험자에게 '유난 떤다'는 시선을 보냈습니다. 경험자는 이후에도 비슷한 상사의 존재에 대해 트라우마 반응을 경험하게 되었고, 결정권자와 소통할 때 유난히 위축되는 모습을 보였습니다.

I. 시사점

본 사례처럼 리더의 무책임하고 일관성 없는 지시는 단순한 '업무 착오'가 아니라, 경험자의 경력과 정서, 그리고 미래에 깊은 영향을 미치는 갑질의 일종일 수 있습니다. 책임을 회피하고, 직원을 쉽게 질책하는 조직문화가 존재하는 한, 또 다른 피해자는 계속해서 발생하게 될 것입니다. 그런 문화 속에서 직원은 마음껏 제 역량을 발휘하지 못하고 위축될 것이며, 조직은 왜 직원들이 일할 때 주인의식을 갖지 못하는지 고민하게 될 것입니다.

**그림자 6** **리더 역할은 지시하는 거고, 일할 방법 찾는 건 직원이 해야지.**

"(신입으로 입사하자마자 리더가) 업무를 지시하는데, 진짜, 그냥 뭐 해라, 그 지시만 딱 해요."(경험자, 남성)

본 사례의 리더는 부서장이자 멘토였음에도, 신입사원에게 지시만 내릴 뿐 아무런 설명이나 가이드를 주지 않았습니다. 신입은 조직의 규정이나 자료 위치조차 모르는 상태였는데도, 리더는 "방법은 네가 알아서 찾아라"라며 모든 책임을 떠넘겼습니다. 경험자는 외부 자료를 참고해 스스로 해결하려 했고, 그러다 내부 방침과 충돌해 실수를 하자 리더로부터 폭언을 들어야 했습니다.

A. **사례자:** 경험자/목격자

B. **경험자:** 남성, 20대, 비정규직 신입

**C. 리더:** 남성, 40대, 부서장

**D. 발생한 사건과 배경**

경험자는 첫 직장에 입사해 소규모 부서로 배치되었고, 마땅한 선임도 없이 부서장(리더)의 멘토링을 받게 되었습니다. 하지만 그는 경험자가 적응할 수 있도록 안내하거나 자료를 공유하지 않았습니다. "이거 해라"라는 지시만 하고, 목적이나 방법도 알려 주지 않았습니다.
경험자는 스스로 인터넷 검색이나 외부 자료를 찾아 업무를 진행했지만, 내부 규정과 충돌하는 실수를 범하게 되었습니다. 그때마다 리더는 "왜 나한테 물어보지 않았냐"라며 폭언을 퍼부었고, 경험자는 점점 위축되었습니다.

**E. 경험자의 대응**

처음엔 자신의 역량 부족 탓이라고 여겼던 경험자는, 다른 부서 신입들이 충분한 교육을 받는 것을 보며 문제가 리더에게 있음을 깨달았습니다. 경험자는 인사부서장에게 상담을 요청했지만, "남자가 그까짓 거 가지고 징징거리냐"라는 발언에 더 큰 상처를 입었습니다.

**F. 조직 내부의 대응**

인사부서장은 경험자의 신고 사실을 그대로 리더에게 전달했습니다. 공식적으로 문제를 다루지 않았고, "누구나 겪는 일"이라며 사소하게 취급했습니다. 경험자는 다른 프로젝트로 옮겨졌지만, 리더는 여전히 같은 방식으로 팀을 이끌고 있었습니다.

## G. 리더의 반응

인사부서장의 말을 듣고 격분한 리더는 경험자를 불러내어 심한 폭언을 퍼부었습니다. 경험자는 그 자리를 견딜 수 없었고, 더 이상 회복이 불가능하다고 판단하여 자진 퇴사를 결정했습니다.

## H. 경험자 및 주변인에게 남겨진 영향

퇴사 전 경험자는 리더와 마주치지 않으려 연차를 소진했고, 퇴사 사유에 '상사의 갑질'을 명시하자 인사부서장은 조직 이미지를 이유로 이를 고치라 요구했습니다. 그러나 경험자는 끝내 이를 거부했습니다. 퇴사 후 가족으로부터조차 "직장은 원래 그런 곳"이라는 무관심한 반응을 듣고 크게 상처받았으며, 한동안 은둔하며 생활했습니다. 상담을 통해 조금씩 회복 중이지만, 여전히 사회생활에 대한 두려움이 큽니다.

## I. 시사점

이 사례는 단순히 리더의 역량 부족에서 끝나는 문제가 아닙니다. 리더가 교육과 지도를 회피함으로써 업무의 비효율성을 초래했으며, 그로 인해 발생한 실수의 책임은 직원에게 전가했습니다. 직원이 문제를 호소했으나, 조직은 그 부당함을 외면한 채 문제를 덮으려 했습니다. 또한 경험자의 가족조차 사회의 통념에 갇혀 경험자의 고통을 외면했고, 이는 경험자의 전반적인 삶에 심각한 영향을 미쳤습니다. 한 청년의 삶이 어떻게 무너질 수 있는지를 보여 주는 이 사례는, 조직 내 리더 교육과 신고인 보호 체계의 중요성을 다시금 일깨워 주는 대표적인 예시라 할 수 있습니다.

# II

## 성찰 없는 리더

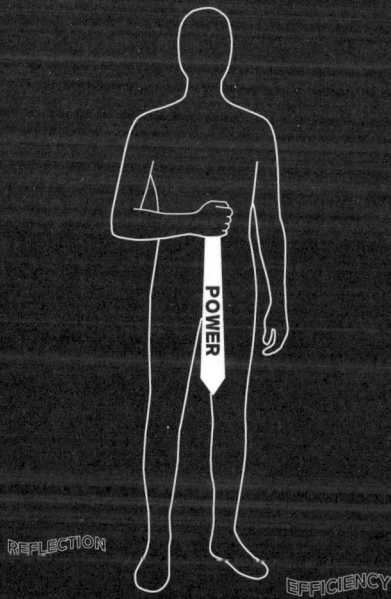

직원의 역량이나 선호를 무시되고, 리더 개인의 감정이나 독단으로 팀을 휘두르는 일은 적지 않습니다. 이는 관리가 아니라 통제이며, 직원에게 자신이 '사람'이 아니라 '말 없는 부속품'처럼 느껴지게 만듭니다. 리더로서의 역할에 대한 성찰이 없기 때문에 그들은 이것이 리더로서의 자신의 권위를 높이는 방법이라고 착각하기도 합니다. 또한 그들은 직원에게 '지시'한 것으로 제 역할을 다했다고 착각하기도 합니다. 더 나아가 직원이 자신의 지시로 한 일은 곧 본인이 한 것이나 마찬가지라고 여기며, 직원의 실적을 약탈하기도 합니다.

성찰 없는 리더는 직원도, 자기 자신도 제대로 파악하지 못합니다. 심지어 파악하지 못한다는 사실도 깨닫지 못합니다. 인력을 관리하고 활용하는 위치에 있는 사람으로서 반드시 갖춰야 할 역량이 부재한 것입니다.

### 그림자 7 내가 사람 보는 눈 하나는 좋지.

"(리더 본인이 보기에 일 잘하는 좋은 직원은) 이미 정해 놨어요. 그 사람들은 문제를 저질러도 안 보는 거죠. 반대로 (문제 있는 직원도) 이미 정해 놓고, 그 사람에 대해서는 어떤 행동을 하던 안 좋게 보는 거고."*(경험자, 여성)*

사람 보는 눈은 경험만으로 생기지 않습니다. 오히려 경험이 많다고 자부하는 이들일수록, 자신만의 편견을 '직관'으로 착각할 위험이 큽니다. 이번 사례의 리더도 "나는 사람 보는 눈이 있다"라고 자주 말했지만, 사실은 공정함이 아닌 개인적 호불호에 휘둘리고 있었습니다.

**A. 사례자:** 경험자/목격자

**B. 경험자:** 다수, 남녀, 20-40대, 정규직과 비정규직 포함

**C. 리더:** 여성, 50대, 사용자

**D. 발생한 사건과 배경**
리더는 늘 스스로가 "사람 보는 눈이 좋다"라고 말했고, 채용이나 인사평가 자리에서 "한번 보면 다 안다"라거나 "저 사람 내가 잘 뽑았다"라는 말을 즐겨 했습니다. 그러나 그가 평가한 직원들은 이미 서류와 시험을 통과한 사람들이었고, 누구를 뽑아도 기본 이상은 할 사람이었습니다. 그는 아무도 알지 못하는 본인만의 기준으로 '좋은 직원'과 '문제 직원'을 정해 놓고, 그들의 모든 행동을 자신의 편견대로 해석했습니다. '좋은 직원'이 저지른 실수를 '문제 직원'에게 전가하는 일도 반복되었습니다. 건강 문제로 직원이 병가를 쓸 때도, 아끼는 직원은 "몸이 재산"이라며 위로했지만, 미운 직원은 "자기 관리도 못한다"라며 비난했습니다. 똑같은 행동을 해도 해석이 전혀 달랐던 것입니다.

**E. 경험자(또는 경험자 가족)의 대응**
여러 경험자들이 불만을 가졌지만, 공식적인 신고로 이어지진 않았습니다. 리더가 조직 내 인맥과 영향력이 강했고, 조직 구조상 유력 인사와의 관계가 민감해 모두 주저했습니다.

### F. 조직 내부의 대응

신고가 없었기 때문에 별다른 대응은 없었습니다.

### G. 리더의 반응

공식 문제 제기가 없었기에 리더는 자신의 행동이 문제라고 인식하지 않았고, 오히려 자신의 리더십과 '사람 보는 눈'을 과신하는 태도를 유지했습니다.

### H. 경험자 및 주변인에게 남겨진 영향

경험자들은 정년이 보장되는 안정적인 직장임에도 조직에 대한 신뢰를 잃었습니다. 리더에게 눈에 띄지 않으려 조심하며 행동했고, 그로 인해 주도성이 약화되었고 업무 의욕도 크게 떨어졌습니다.

### I. 시사점

조직의 병폐 뒤에는 종종 무책임한 리더가 자리합니다. 특히 편견과 오판을 포장하며 직원들을 희생시키는 리더는 보수적인 조직일수록 더 깊이 뿌리내립니다. 조직의 건강을 위해서는 리더 개인의 '사람 보는 눈'이 아니라, 객관적이고 공정한 평가 기준과 시스템이 필요합니다. 편견에 기댄 리더십은 조직과 사람 모두를 해치게 됩니다.

**그림자 8** 넌 하고 싶어도 하지 마.

"(실무를 담당하게 될 동료들 간에) 서로 협의가 됐었어요. 누가 총괄할 거고, 누가 무슨 일을 하고 뭘 담당할지. 그걸 (리더)가 일방적으로 다 흐트러트린 거죠. (경험자들이 항의하자) 막 소리 지르고 윽박지르고." (경험자, 남성)

실무자 간의 소통으로 결정한 사항을 리더임을 내세워 뒤집어 버리는 사람이 있습니다. 리더의 근본적인 미덕과 리더로서 해야 할 역할이 무엇인지도 모르면서, 자신이 '리더'이므로 그런 독재를 행사해도 문제가 되지 않는다고 착각하는 것입니다.

A. **사례자:** 경험자/목격자

B. **경험자:** 다수, 남녀, 30-40대, 정규직

C. **리더:** 여성, 50대, 사용자

D. **발생한 사건과 배경**

리더는 대형 프로젝트를 준비하면서 직원들에게 역할 분담을 협의하라고 지시했고, 경험자들은 자율적으로 총괄자(A)를 정하고 각자 역할을 나눴습니다. 그러나 리더는 "A는 건강도 안 좋고, 한 사람에게만 책임을 몰아주지 말라"라며 A를 총괄에서 배제했습니다.

표면적인 이유와 달리, 실제로는 과거 A가 리더의 부당한 외부 접대 요구에 반발했던 것이 배제의 진짜 이유였습니다. 리더는 다른 직원들

에게 개별적으로 "총괄을 네가 맡아 보라"라며 재배치를 시도했습니다. 프로젝트 팀원 사이에 혼란과 갈등이 발생하고, A가 항의하자 "다른 사람들이 총괄하길 원했다"라며 직원에게 책임을 돌렸습니다.
이 과정에서 리더는 갈등을 조정하기는커녕, 항의하는 직원들에게 소리를 지르고, "내가 법학 전공자다. 갑질인지 아닌지 내가 더 잘 안다"라며 권위를 내세웠습니다. 결국, 리더의 독단적 결정은 협업 체계를 무너뜨리고 팀 내 불신을 깊게 만들었습니다.

### E. 경험자(또는 경험자 가족)의 대응
경험자들 일부가 리더에게 항의했지만, 공식적인 신고로 이어지진 않았습니다.

### F. 조직 내부의 대응
신고가 없었기에 조직의 대응도 없었습니다.

### G. 리더의 반응
리더는 처음에는 달래는 태도를 보였습니다. 하지만 경험자가 강경하게 항의하자, 오히려 고함을 지르며 경험자를 위협했고, 경험자의 문제 제기를 '협박'으로 몰아갔습니다.

### H. 경험자 및 주변인에게 남겨진 영향
경험자들은 리더가 추진력 있다고 기대했지만, 이번 사건을 계기로 "말이 통하지 않는 사람"이라는 인식이 자리 잡았습니다. 협업과 소통은 위축되었고, 직원들은 리더의 임기가 하루빨리 끝나기만을 바라고 있습니다.

**I. 시사점**

업무 배분은 직원 간 신뢰와 자율성을 만드는 중요한 과정입니다. 업무 상황에 대해 가장 잘 아는 것은 실무자들이며, 그들이 자율적으로 논의하여 결정한 것은 리더도 존중해야 합니다. 그러나 리더가 일방적인 판단으로 이를 뒤엎고, 특정 직원에게서 기회를 빼앗으면 의욕은 꺾이고 조직은 무기력해집니다. 리더의 권한은 직원들을 마음대로 좌지우지하기 위한 것이 아니라, 함께 성과를 만들어가는 동반자로서 조율하고 지원하는 데 쓰여야 합니다.

**그림자 9 저 친구는 일이 느려서 제가 다 챙겨야 돼요.**

*"그 사람이 해야 할 보고서까지 제가 다 작성했어요. … 나중엔 당연하다는 듯 넘겨요. 그러면서 사장 앞에선 제가 일 처리가 느려서 자기가 다 챙겨야 한다고."(경험자, 남성)*

직접 해야 할 일까지 직원에게 모두 떠맡기고, 지시를 내린 것만으로 본인의 역할을 다했다고 착각하는 리더들이 있습니다. 그러다 어느 순간부터는 직원이 한 일이 자신이 한 일이라고 여기기도 합니다. 실적 착취와 기만이지만 문제점을 깨닫지도 못합니다.

**A. 사례자:** 경험자/목격자

**B. 경험자:** 30대 남성, 대리급

**C. 리더:** 50대 남성, 부서장

## D. 발생한 사건과 배경

경험자는 업무 이해도와 실행력이 높아 여러 프로젝트의 핵심 역할을 맡아 왔습니다. 리더는 이런 경험자의 역량을 알자, 점차 자신의 보고서, 외부 문서, 심지어 사장 보고용 문서 작성까지 경험자에게 넘겼습니다.

리더는 행사와 임원 모임에 열심히 참석했고, 그가 다니는 동안 경험자는 리더가 해야 할 일을 대신 했습니다. 그러나 임원들은 리더가 모든 일을 직접 처리하는 '능력자'라며 칭찬했습니다. 리더는 사석에서조차 경험자가 "일을 잘 못해 자기가 다 챙긴다"라고 말했고, 회식 자리에서도 부서 실적을 전부 자신의 공으로 내세웠습니다. 경험자의 기여는 조직 상층부에 거의 알려지지 않았고, 오히려 경험자는 '일 못하는 직원'처럼 인식됐습니다.

## E. 경험자의 대응

경험자는 직접 항의하지 못하고, 동료들에게만 상황을 털어놨습니다. 이직을 원했으나, 맡고 있는 핵심 업무 때문에 쉽게 빠져나올 수 없는 처지였습니다.

## F. 조직 내부의 대응

공식적인 문제 제기는 없어 조직 차원의 대응도 없었습니다. 오히려 리더의 왜곡된 보고로 인해, 경험자는 '관리 대상 직원'처럼 잘못 인식되고 있었습니다.

## G. 리더의 반응

리더는 경험자의 노력이 없었다면 본인 실적도 없었음을 인정하지 않았습니다. 그는 성과를 전부 자신의 지도력 덕분이라며 포장했고, 시간이 지날수록 그 성과가 진짜 본인의 것이라 믿는 듯 행동했습니다.

## H. 경험자 및 주변인에게 남겨진 영향

경험자는 자신이 헌신해도 인정받지 못한다는 현실에 큰 회의를 느꼈습니다. 조직은 그의 기여를 정확히 알지 못했고, 경험자는 성장의 기회조차 제한당했습니다. 동료들도 문제를 인식했지만, 리더의 임원 신뢰가 두터워 누구도 나서지 못했습니다.

## I. 시사점

이 사례는 실력 있는 직원에게 본인 업무까지 떠넘기고, 그 성과를 리더가 가로채는 구조적 문제를 보여 줍니다. "일 잘하는 사람에게 더 시키자"라는 조직 논리가 그들을 지치게 하고 소진시킨다는 점을 경고합니다. 리더는 직원의 역량을 활용할 뿐 아니라, 그 성과를 공정히 인정하고 공식화할 책임이 있습니다. 더불어 조직 역시 리더급의 말만 들을 것이 아니라, 객관적으로 '누가 진짜 기여했는가'를 정확히 볼 수 있는 감각과 시스템을 갖춰야만 합니다.

### 그림자 10  이거 해. 아니야, 저거 해. 아니야, 다른 거 해.

"이걸 맡으라고 지시를 하길래 준비 작업을 다 해 뒀어요. 그런데 갑자기 그거 하지 말고 다른 걸 하라고 해요. … 새로 맡은 일 준비하고 있는데 또 그거 중단하고 다른 거 하라고. 이걸 계속 반복해요."(경험자, 여성)

리더라는 자리는 단순히 지시를 내리는 자리가 아닙니다. 직원이 스스로 역량을 발휘하고 성장할 수 있도록 기회를 열어 주는 것이 진정한 리더의 역할입니다. 하지만 일부 리더들은 그 권한을 가스라이팅과 길들이기의 수단처럼 여기기도 합니다.

**A. 사례자:** 경험자/목격자

**B. 경험자:** 여성, 30대, 평사원

**C. 리더:** 남성, 50대, 부서장

**D. 발생한 사건과 배경**

리더는 외부 인맥 덕분에 부서장 자리에 오른 직후부터 부서원들에게 강압적으로 행동했고, 특히 신입이나 중간 직급 직원들을 '길들이기' 대상으로 삼았습니다. 리더는 경험자에게 중요한 일이라며 업무를 맡긴 뒤, 준비가 어느 정도 끝나면 돌연 중단을 지시하고 다른 업무를 시켰습니다. 이 과정이 반복되면서 경험자는 늘 초기 작업만 하게 되었고, 성과는 다른 동료에게 돌아갔습니다. 심지어 경험자가 끝까지 완수한 일조차 리더가 보고서에 반영하지 않거나 제출하지 않는 경우도 있었습니다. 결과적으로 경험자는 누구보다 많은 일을 했음에도, 겉으로 보이는 성과가 없어 승진에서도 밀렸습니다. 리더의 목적은 분명했습니다. "내 말 잘 듣지 않으면 결과물도, 인정도 없다"라는 메시지를 주며, 경험자의 존재감을 의도적으로 억눌렀던 것입니다.

### E. 경험자(또는 경험자 가족)의 대응

경험자는 조직에 공식적으로 리더의 행태를 신고했지만, 담당자가 리더와 유착된 직원이었습니다. 리더는 외부 프로젝트를 유치하는 능력 때문에 조직의 보호를 받았습니다. 결과적으로 조직은 조사조차 하지 않은 채 경험자에게 부서 이동을 명령했고, 경험자에게는 '문제 직원'이라는 낙인이 찍혔습니다.

### F. 조직 내부의 대응

신고 후에도 조직은 리더를 감싸며 사건을 덮었고, 경험자만 불이익을 받았습니다.

### G. 리더의 반응

리더는 경험자의 이동을 '배신'으로 여기고, "내가 아껴 줬는데 뒤통수를 맞았다"라며 왜곡된 소문을 퍼뜨렸습니다. 입사 동기들조차 리더에게 동조하며 경험자는 고립되었습니다.

### H. 경험자 및 주변인에게 남겨진 영향

경험자는 극심한 스트레스 끝에 자살 충동까지 겪었고, 부서 이동 후에도 무기력하게 하루하루를 버티고 있습니다. 다른 선임들이 "여기만 한 직장 없다"라며 위로하는 말은 그를 더 냉소적으로 만들었습니다. 지금은 주어진 업무만 최소한으로 처리하며 겨우 버티고 있고, 이직할 용기조차 내지 못하고 있습니다.

**I. 시사점**

이 사례는 리더가 권한을 통제 수단으로 오남용하며 어떻게 한 사람의 커리어와 삶을 무너뜨릴 수 있는지를 보여 줍니다. 또한 조직이 권력자를 보호하기 위해 직원을 지켜야 할 의무를 쉽게 저버린다는 점도 알게 해 줍니다. 조직이 리더의 잘못을 방관하는 한, 또 다른 피해자는 계속해서 생겨날 것입니다. 리더십은 일방적으로 휘두를 수 있는 권력이 아닙니다. 직원을 키우고 이끌어 주는 책무가 우선되어야 합니다.

# III
## 인력 활용 역량 없는 리더

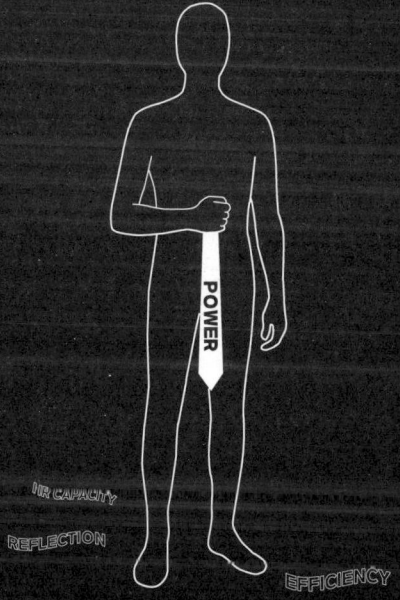

사람마다 잘하는 일과 잘하지 못하는 일이 있습니다. 전 세계적으로 청소년기에 적성검사를 받고, 이를 바탕으로 진로를 고민하는 이유가 바로 그 때문입니다. 사회의 구성원이 자신에게 맞는 분야에서 역량을 발휘할 수 있도록 하기 위해서입니다.

리더라면 팀원 각각의 업무량과 역할이 그들의 특성에 맞게, 균형 있게 분배되도록 조정할 책임이 있습니다. 일이 몰린 사람에게는 보상과 인정도 함께 주어야 합니다.

하지만 현실은 종종 그렇지 않습니다. 리더들은 업무의 특성과 직원의 특성을 고려하지 않은 채, 무턱대고 좀 더 여유 있어 보이는 직원에게 또는 말 잘 듣는 직원에게 배정하곤 합니다. 심지어 불가능한 업무를 지시해 놓고 실패하면 "정신력이 약하다"라거나 "안 돼도 되게 해"라며 책임을 직원에게 전가하기도 합니다. 특히 우리나라 조직은 '신입의 기본기'에 대한 기대치가 지나치게 높습니다. 신입에게 경력자 수준의 퍼포먼스를 요구하면서, 이를 충족하지 못하면 개인 문제로 단정 짓습니다. 물론 뛰어난 '슈퍼 신입'도 있지만, 대부분의 신입은 시행착오를 겪으며 성장합니다. 리더에게 인력 활용 역량이 갖춰져 있지 않다면, 그들은 적절한 업무 배정도, 피드백도 받지 못하고 성장하지 못합니다.

현명한 리더는 "누구에게 일 시키기 편한가"가 아니라 "누가 어떤 일을 잘할 수 있을까"를 고민합니다. 그 고민은 업무의 양뿐 아니라 질과 책임의 무게까지 고려되어야 합니다. 직원의 특성, 현재 맡고 있는 다른 업무량, 직원의 직급에서 책임질 수 있는 범위까지 모두 체계적으로 생각하여 업무를 배정해야 하는 것입니다.

**그림자 11** 이 사람 일 진짜, 진짜 못해요. 못해요. 못해요. 못해요.

*"아니, 그 사람(경험자) 뽑은 건 (특정 업무) 하라고, 그거 맞춰서 뽑은 거예요. 근데 부서장이란 사람이 엉뚱한 일, 그것도 그 사람이 특히나 못하는 일만 계속 시켜 놓고 일 못한다고 여기저기 말하고 다닌 거죠."(주변인, 여성)*

이번 사례는 리더의 심각한 인력 활용 실패가 어떻게 한 직원의 경력과 평판을 무너뜨릴 수 있는지를 보여 줍니다. 경험자는 외국어 능력을 살려 특정 업무를 수행하기 위해 채용되었으나, 리더는 그가 특히 약한 분야의 업무만 반복적으로 시켰고, 이를 근거로 "일을 못한다"라고 주변에 퍼뜨렸습니다. 본래 능력을 발휘할 기회조차 주지 않고, 의도적으로 낮은 평가만 내린 것입니다.

**A. 사례자:** 경험자/목격자

**B. 경험자:** 남성, 30대, 평사원

**C. 리더:** 여성, 40대, 부서장

**D. 발생한 사건과 배경**

경험자는 외국어 관련 업무로 채용돼 초기에는 성과를 인정받았지만, 부서장이 바뀌면서 상황이 바뀌었습니다. 새 리더는 경험자에게 그가 취약한 업무만 맡겼고, 구체적인 지시나 자료 제공도 없이 결과만 요구했습니다. 실수가 생기면 경험자 개인의 문제로 몰아갔고, 회의 석상이나 주변 동료들 앞에서 공개적으로 깎아내리거나 조롱했습니다. 또 경험자를 "일 못 하는 직원"으로 낙인찍어 조직 내 평판까지 깎아내리며 승진도 방해했습니다.

### E. 경험자의 대응
경험자는 낮은 평가와 소문으로 심리적 압박을 크게 느꼈지만, 리더와 친분 있는 상급자들의 눈치를 보며 공식 신고는 하지 못했습니다. 경력 개발에도 어려움을 겪었고 이직조차 막막해졌습니다.

### F. 조직 내부의 대응
사업주가 바뀌었지만 리더의 문제를 단순한 부서 갈등으로 축소하거나 경험자의 능력 문제로 여겨 별다른 조치를 취하지 않았습니다.

### G. 리더의 반응
리더는 경험자에게 업무상 철저히 불이익을 주며, 인사평가에서도 반복적으로 최하점을 줬습니다. 과거 자신이 하급자였을 때 권위에 저항하던 모습과는 달리, 상급자가 되자 부하에게 가혹하고 모욕적인 태도를 보였습니다.

### H. 경험자 및 주변인에게 남겨진 영향
경험자는 새 부서장이 온 뒤 조금 안정됐지만, 오랜 시간 부당한 평가와 차별적 업무 분배를 겪으며 입은 상처는 쉽게 회복되지 않았습니다. 목격자들은 리더의 행동이 도를 넘었다고 평가하고 있으며, 조직은 이를 방치했습니다.

## I. 시사점

리더라면 직원이 어떤 업무에 잘 맞는지, 잘 맞지 않는지를 빠르게 파악하고 그에 맞춰 업무 배정을 할 줄 알아야 합니다. 무작정 아무 업무나 지시한 뒤, 그 일을 잘 해내지 못한다고 험담하고 근평과 승진에 부정적인 영향을 끼치는 것은 리더로서의 권한을 악용하고, 가해 행위를 한 것에 해당합니다. 또한 리더로서의 무능력을 보여 주기도 합니다.

이 사례는 리더의 인력 활용 역량 부족이 한 직원의 직무 능력 평가에 심각한 왜곡을 가져올 수 있으며, 무능한 리더의 반복된 가해가 장기적으로 경험자의 경력과 삶에 얼마나 깊은 상처를 남길 수 있는지를 보여 줍니다.

### 그림자 12 나 때는 상사가 지시하면 이것도 저것도 다 했어.

*"(리더가 평사원일 때) 선임 잘 못 만나서 그 사람 일 다 해 주고 엄청나게 시달렸다고 해요. 그래서 그 사람 지금까지도 원망하고 싫어하고. 근데 자기가 당했던 그대로 우리한테 시키는 거, 그건 괜찮다고 생각하는 거죠."(경험자, 여성)*

이 사례의 리더는 과거 선임에게 업무를 전가당했던 고통을 자주 언급하며 자신이 얼마나 고생했는지를 강조하곤 했습니다. 외부에서는 그를 "묵묵히 일 잘하는 사람", "약자의 편에 섰던 사람"으로 평가했지만, 후임 직원에게는 강압적인 상사였습니다. 그는 자신이 겪었던 부당함을 그대로 후임들에게 되풀이했습니다. 이른바 "복수의 반복" 혹은 "학습된 권력 행사"의 사례였습니다.

**A. 사례자:** 경험자/목격자

**B. 경험자:** 여성, 30대, 평사원

**C. 리더:** 남성, 40대, 부서장

**D. 발생한 사건과 배경**
리더는 과거 하급자였던 시절, 심각한 갑질의 피해를 겪은 사람이었습니다. 하지만 정작 본인이 리더급에 올라서자 과거의 가해자와 똑같은 행동을 하기 시작했습니다. 그는 자신의 책임 업무를 경험자에게 전가했고, 개인적으로 법인카드를 오용한 후 영수증 처리 업무까지 떠넘겼습니다. 리더 본인이 해야 할 보고서나 기획안도 경험자가 작성하도록 지시했습니다. 문제가 발생하면 즉시 책임을 전가했으며, 경험자가 저항하려 하면 "나 때는 이것도 저것도 다 했다"라며 눈치를 주었습니다. 본인이 겪었던 부당함을 아무런 성찰 없이 반복한 것이었습니다.

**E. 경험자(또는 경험자 가족)의 대응**
경험자는 노조에 도움을 청했습니다. 하지만 리더는 과거 활발한 노조 활동으로 신뢰를 얻고 있었고, 노조는 오히려 리더를 감싸며 문제를 축소하려 했습니다. 경험자는 실질적인 도움을 받지 못했고, 사측에 문제를 제기하는 것도 포기했습니다.

**F. 조직 내부의 대응**
경험자는 노조를 통한 문제 해결이 어려운 상황에서 사측에도 별도로 신고하지 않았습니다. 내부적으로 리더는 "고생한 사람", "믿을 수 있는 직원"이라는 이미지가 형성되어 있었고, 경험자가 신고해도 리더의 입장이 우선시될 것이라는 우려가 컸기 때문입니다. 따라서 조직 내부에서는 별다른 대응이나 조치가 없었습니다.

### G. 리더의 반응

경험자가 노조와 진행한 상담은 기밀로 유지되어야 했으나, 노조 임원은 이를 고스란히 리더에게 전달했습니다. 리더는 즉시 경험자에게 "그동안 아껴 줬더니 사람 뒤통수를 치냐"라는 식으로 비난했고, 이후 경험자를 무시하거나 존재하지 않는 사람처럼 대하기 시작했습니다. 이로 인해 경험자는 더욱 고립감을 느꼈고, 조직 내에서 은근한 따돌림에 시달렸습니다.

### H. 경험자 및 주변인에게 남겨진 영향

리더의 행위는 조직 내 다른 직원들에게도 영향을 미쳤습니다. 동료들 중 일부는 눈치를 보며 리더에게 동조했고, 경험자는 점차 조직 내에서 고립되었습니다. 협업이 필요한 부서 환경에서 이런 고립은 업무 수행을 어렵게 만들었고, 경험자의 심리적 부담도 커졌습니다. 경험자는 출근 자체를 괴롭게 느끼게 되었고, 오랜 시간 버티지 못하고 퇴사를 결심하게 되었습니다.

### I. 시사점

경험자는 본인의 노력 부족이나 단순한 갈등이 아니라, 구조적인 방치와 반복된 악순환에 의해 퇴사에 내몰렸습니다. 이 사례는 과거의 피해 경험이 향후 가해 행위로 이어질 수 있음을 보여 주는 한편, 조직이 어떤 직원을 리더로 세우고 어떻게 그들을 검증·감독할 것인지가 얼마나 중요한지를 다시 한번 환기시켜 줍니다.

**그림자 13** **우리처럼 작은 조직에선 다 이렇게 해.**

"10인 미만 이런 곳 아니고서야 작은 조직도 최소한 재무, 인사 정도는 구분해요. 그걸 전 혼자 다 했습니다. 일 힘들다고, 인력 보충해 달라고 해도 해 준다, 해 준다는 말만 하고 차일피일…."(경험자, 남성)

이 사례는 한 명의 직원에게 과도하게 집중된 업무 부담이 얼마나 심각한 결과를 초래할 수 있는지를 보여 줍니다. 특히 인사, 재무, 예산 등의 행정 업무를 단 한 명에게 몰아준 점에서 조직 운영의 근본적인 문제와 함께 리더의 무책임함, 사업주의 안일함이 복합적으로 드러난 사건입니다. 업무 배분의 균형이 전혀 고려되지 않았으며, 바로잡을 기회조차 사업주가 외면했습니다. 그 결과는 한 사람의 삶과 경력을 크게 흔드는 결과를 낳았습니다.

**A. 사례자:** 경험자/목격자

**B. 경험자:** 남성, 40대, 직급은 차장이었으나 모든 실무 담당

**C. 리더:** 남성, 50-60대, 임원급

## D. 발생한 사건과 배경

경험자는 약 50명 규모 조직에서 재무 담당으로 시작했지만, 시간이 지나며 인사, 노무, 예산 업무까지 떠맡게 되었습니다. 담당자들이 퇴사할 때마다 리더는 인력 충원을 약속했지만 번번이 지키지 않았고, 경험자에게 모든 실무를 전가했습니다.

업무가 폭증하면서 경험자는 야근과 주말 근무를 반복했고, 건강이 급격히 악화되었습니다. 그럼에도 리더는 "작은 조직은 다 그렇게 한다"라며 문제 상황을 직시하지 않으려고 했습니다.

## E. 경험자의 대응

경험자는 심각한 건강 문제로 사직서를 제출했습니다. 리더와 사업주는 퇴사를 막기 위해 휴가와 휴직을 제안했습니다. 경험자가 단호히 퇴사 의사를 밝히자 "후임 구할 때까지만"이라며 계속 시간을 끌었습니다. 경험자는 인수인계를 위해 남았지만, 사업주는 후임 채용을 미뤘습니다. 경험자는 과로로 쓰러져 응급실로 실려 갔습니다.

## F. 조직 내부의 대응

경험자가 응급실에 간 뒤에야 조직은 상황의 심각성을 깨달았습니다. 그제야 사직서를 수리했으나, 이미 경험자의 건강은 크게 악화한 뒤였습니다.

## G. 리더의 반응

리더는 "건강은 스스로 챙겼어야지"라며 경험자 책임으로 돌렸고, 자신이 부당하게 과도한 업무를 떠넘겼다는 자각조차 없었습니다. 전형직인 책임 회피형 리더의 모습이었습니다.

**H. 경험자 및 주변인에게 남겨진 영향**

퇴사 후에도 경험자는 정신적인 트라우마로 재취업조차 엄두를 내지 못했습니다. 구인 공고를 보는 것만으로도 두통과 호흡 곤란을 겪을 정도였습니다. 하지만 좋은 기회가 닿은 덕분에 해외 봉사활동을 거쳐 외국의 비영리기관에 취업하며 삶을 재정비하게 되었습니다. 한국의 중소기업에서 모든 부서의 업무를 도맡아 하던 그였기에 외국 기업에서는 어마어마한 능력자 대우를 받았습니다.

**I. 시사점**

이 사례는 리더와 조직이 업무 분배의 책임을 외면할 때 어떤 극단적 결과가 일어날 수 있는지를 보여 줍니다. 다행히 경험자는 돌파구를 찾았지만, 여전히 많은 이들이 비슷한 상황에서 단절감을 느끼거나, 심지어 삶을 포기하고 있습니다. 조직의 구조적 개선이 절실한 이유입니다.

**그림자 14** 다 너 경험 쌓아 보라고 시키는 거야.

"군대보다 더 숨 막혔어요. 말로는 저한테 경험 쌓아 보라고, 저를 위해서 시키는 거라고 하는데. … 도저히 안 되는 일도 어떻게든 해내라고… 니가 정신력이 부족해서 그렇다고만 하니까."(경험자, 남성)

본 사례의 리더는 "경험을 쌓게 해 주겠다"라며 온갖 업무를 지시했지만, 실제로는 직원의 역량이나 실현 가능성은 전혀 고려하지 않았습니다. 리더라면 지시가 타당한지, 실현 가능한지, 직원의 능력과 맞는지를 먼저 살펴야 합니다. 그런 판단 없이 무작정 "안 돼도 되게 하라"며 압박하는 것은 리더의 심각한 판단 능력 부족을 보여 줍니다.

**A. 사례자:** 경험자/목격자

**B. 경험자:** 남성, 30대, 평사원

**C. 리더:** 남성, 40대, 부서장

**D. 발생한 사건과 배경**

리더는 조직에서 일 잘하는 사람으로 알려져 있었지만, 실제로는 일을 벌이기만 하고 마무리나 실무는 부서원들에게 떠넘겼습니다. 경험자는 그런 리더 밑에서 현실적으로 불가능한 지시를 여러 번 받았습니다. 예를 들어, 고위급이 참석 가능한 날짜에 협력 기관 모두가 회의에 참석하게 하라는 지시를 받았으나, 상대 기관에도 일정이 있는 탓에 불가능했습니다. 리더는 이런 현실을 무시하고 "왜 일정 조율도 못하냐"라며 경험자를 나무랐습니다.

해외 출장 중에도 마찬가지였습니다. 현지 기관 일정은 무시한 채 리더가 원하는 날짜로 맞추라고 요구했고, 한두 번 억지로 맞추자 "충분히 할 수 있는 일인데 안 한 것"이라며 더 큰 압박을 가했습니다.

심지어 리더는 10여 년 전에도 건당 1억 3천만 원에 간신히 해냈던 업무를 2억 5천만 원으로 세 건 해내라고 요구했습니다. 현실적으로 불가능하다는 직원들의 설명에도 리더는 "안 돼도 되게 하라고 월급 주는 거다"라는 말을 반복했습니다.

### E. 경험자의 대응
경험자는 고통을 겪으면서도 신고는 하지 못했습니다.

### F. 조직 내부의 대응
사측은 리더를 우수한 리더로만 평가했으며, 리더의 무리한 지시로 직원들이 고통받고 있다는 사실조차 파악하지 못했습니다. 리더의 실적만 보고 그를 칭찬할 뿐이었습니다.

### G. 리더의 반응
신고가 없었기에 리더의 공식적 반응은 없었습니다.

### H. 경험자 및 주변인에게 남겨진 영향
경험자의 부서에는 주로 신입들이 있었고, 리더의 과도한 요구로 오래 버티지 못하고 교체되기 일쑤였습니다. 경험자도 몇 년간 정신과 치료를 받으며 버티다가 퇴사를 선택했습니다.

### I. 시사점
전쟁 중의 군대처럼 극한 상황에 처한 조직에서도 무작정 "정신력"만을 강조하는 리더십은 위험합니다. 일반 직장에서는 더더욱 그렇습니다. 무리한 목표를 던지고 실패를 직원 탓으로 돌리는 리더는 유능한 인력을 떠나게 하고 조직에 대한 신뢰를 무너뜨립니다. 리더는 무엇이 가능하고 무엇이 구조적으로 어려운지를 명확히 판단할 수 있어야 합니다. 무작정 채찍만 휘두르며 노동착취로 성과를 내는 건 결코 역량 있는 리더라고 볼 수 없습니다.

**그림자 15** 너 혼자만 야근.

"일에 끝이 없어요. 하나 끝나기 전에 또 다른 업무 주고, 또 다른 업무 주고. 그리고 다음에 같은 업무 또 해야 할 때는 경험 있는 사람이 하라면서 또 얹어 주고."(목격자, 여성)

이 사례는 리더의 편향된 업무 배분이 어떻게 한 사람을 극단적으로 소진시키는지를 잘 보여 줍니다. 리더는 "일 잘한다"라는 이유로 한 명에게만 업무를 몰아주었습니다. 그의 성실함을 악용하여 과중한 업무를 배정하며 노동력을 착취했으나, 정당한 보상도, 휴식도, 배려도 주지 않았습니다. 경험자는 야근과 주말 근무에 시달리며 건강마저 잃었습니다.

**A. 사례자:** 경험자/목격자

**B. 경험자:** 여성, 20대, 신입을 갓 벗어난 평사원

**C. 리더:** 남성, 50대, 부서장

**D. 발생한 사건과 배경**

경험자는 입사 초기부터 성실함을 인정받으며 주목받았지만, 그 칭찬은 곧 과중한 업무의 시작이었습니다. 동기들이 함께 점심을 먹으러 나가고, 티타임을 즐길 때도 경험자는 김밥 한 입으로 끼니를 때우며 정신없이 일해야 했습니다. 정규 업무 외에 돌발 업무도 전부 경험자 몫이었습니다. 처음엔 동료들이 도와줬지만 어느 새 "(경험자가) 하는 게

당연하다"라는 분위기가 자리 잡았습니다.

경험자는 건강에 이상을 느껴 부서 이동을 원했지만, 리더는 "그 직원이 꼭 필요하다"라며 막았습니다. 경험자는 젊은 나이에 암 진단을 받았습니다. 그가 휴직을 신청하자 리더는 "자기 관리도 못하는 사람"이라며 폄하했습니다.

### E. 경험자(또는 경험자 가족)의 대응

사례자는 경험자에게 리더의 행위를 반드시 신고하라고 여러 차례 권했습니다. 하지만 경험자는 이미 정서적으로 완전히 소진된 상태였고, 신고할 힘조차 남아 있지 않았습니다.

### F. 조직 내부의 대응

경험자가 괴롭힘을 신고하지 않았기 때문에, 해당 행위에 대한 조직 차원의 대응은 전혀 없었습니다. 하지만 경험자가 암 진단을 받은 이후, 사측은 "이제 치료에 전념하는 게 좋지 않겠냐"라며 권고사직을 제안했고, 위로금을 조건으로 퇴사를 종용했습니다.

### G. 리더의 반응

신고가 없었기 때문에 리더의 반응도 없었습니다.

### H. 경험자 및 주변인에게 남겨진 영향

경험자는 위로금을 받고 퇴사했고, 이후 조직과의 모든 연락을 끊었습니다. 사례자는 경험자를 지켜주지 못했다는 죄책감에 시달렸고, 다른 동기와 후임들 역시 "건강 잃을 만큼은 일하지 말자"라는 냉소적인 결론에 도달했습니다.

그렇게 직원들은 하나둘씩 자발성을 잃어 갔고, 팀 전체는 침묵과 무기력 속으로 빠져들었습니다. 이 조직은 유능하고 성실했던 직원을 지켜내지 못했을 뿐 아니라, 남아 있는 직원들의 사기마저 철저히 꺾어 놓은 것입니다.

### I. 시사점

"열심히 일한 사람"이 왜 가장 먼저 무너져야 할까요? 이 사례를 본 우리 모두가 생각해 봐야 할 점입니다.

리더의 잘못된 업무 배분과 책임 방기는 한 사람의 건강과 커리어를 송두리째 무너뜨렸습니다. 경험자는 열심히 일했기에 칭찬받았지만, 그 칭찬은 보상이 아닌 더 많은 업무로 이어졌고 그 모든 책임은 오롯이 경험자에게 돌아갔습니다. 이런 조직에서 "일 잘하는 사람"은 가장 먼저 쓰러지고, 남는 것은 "열심히 하면 손해"라는 씁쓸한 교훈뿐이었습니다.

### 그림자 16 언제든 내 질문에 칼같이 대답할 줄 알아야 해.

"갑자기 ○○팀에는 몇 명 있어? ○○ 규모는 몇이야? 이런 걸 막 물어요. 그 숫자를 일일이 다 외우고 다니는 사람이 얼마나 되나요? (리더)는 외우긴 해요. 그래도 그건 그런 사람이나 할 수 있는 거고."(경험자, 여성)

모든 직원이 "기억력 챔피언"일 필요는 없습니다. 하지만 회사 업무에 필요도 없는 기억력에 집착한 리더는 부하 직원들에게 시도 때도 없이 즉답을 요구하며 부담을 주었습니다. 외우지 않아도 되는 수치를 모른다는 이유로 무능력하다고 하는 것은 부당한 평가 기준입니다. 직원을 평가할 때는 업무와 관련된 타당한 기준을 바탕으로 하는 것이 마땅합니다. 사례 속의 리더는 그런 점조차 깨닫지 못했고, 자신의 기억력을 과시하며 직원을 무시하고 깎아내리는 언행을 반복했습니다.

**A. 사례자:** 경험자/목격자

**B. 경험자:** 여성, 30대, 신입 직원

**C. 리더:** 남성, 미상, 부서장

**D. 발생한 사건과 배경**

이 사례의 경험자는 입사한 지 채 1년이 되지 않은 신입 직원이었습니다. 리더는 그런 경험자에게 종종 갑작스러운 질문을 던졌는데 '숫자'와 관련된 질문이었습니다. 예를 들면 "A팀에 몇 명이 있지?", "이 업무를 담당하는 인력은 몇 명이야?" 같은 식이었습니다.

사실 이런 숫자들은 외우지 않더라도 업무를 수행하는 데 지장이 없는 정보입니다. 하지만 리더는 자신이 그 숫자들을 외우고 있다는 이유로, 경험자에게도 같은 것을 요구했습니다. 경험자가 바로 답하지 못하면 업무 태도를 깎아내렸습니다.

직원을 제대로 이끄는 리더라면, 어떤 역량이 진짜 중요한지를 구분할 줄 알아야 합니다. 그리고 그 역량을 중심으로 업무를 분배하고, 필요한 경우 그 역량을 키워 갈 수 있도록 돕는 사람이 되어야 합니다. 이 사례의 리더처럼 단순한 기억력을 기준 삼아 사람을 평가하는 태도는, 그 리더 자신이 평가 역량과 판단력을 갖추지 못했다는 것을 드러낼 뿐이었습니다.

**E. 경험자(또는 경험자 가족)의 대응**
경험자는 리더의 행위가 부당하다는 점은 인지하고 있었지만, 그 당시에는 그것이 직장 내 괴롭힘에 해당한다고까지는 생각하지 못했습니다.

**F. 조직 내부의 대응**
공식적인 신고가 없었기 때문에, 조직 내부에서 별도의 대응은 이뤄지지 않았습니다.

**G. 리더의 반응**
신고가 이루어지지 않았기에, 리더 본인의 입장이나 반응도 확인된 바는 없습니다.

**H. 경험자 및 주변인에게 남겨진 영향**
이와 같은 반복적인 질문과 그에 따른 부정적인 평가 때문에, 경험자뿐만 아니라 주변 동료들 중 일부도 자괴감을 느끼게 되었습니다. 업무 역량과는 전혀 상관없는 질문에 정확히 대답하지 못했다는 이유만으로 '일 못하는 사람' 취급을 받는 상황이 이어지면서, 이들은 점차 자신감과 자존감을 잃어 갔습니다.

### I. 시사점

이처럼 리더 한 사람의 잘못된 판단 기준은 개인의 업무 의욕을 꺾고, 조직 내 건강한 분위기마저 해칠 수 있습니다. 경험자는 여전히 해당 조직에서 근무하고 있지만, 시간이 지날수록 일에 대한 열정과 조직에 대한 소속감을 잃어 가고 있는 상황입니다. 이는 단지 한 사람의 문제가 아니라, 조직 전반이 함께 고민하고 바로잡아야 할 문제입니다.

# IV

## 책임감 없는 리더

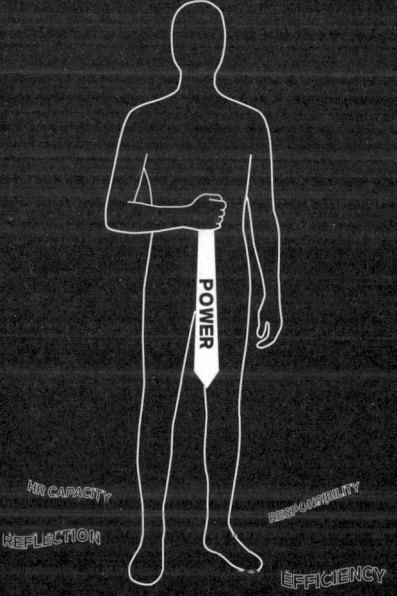

조직에서 실수나 문제가 발생했을 때, 그 상황을 어떻게 수습하고 책임지는가는 리더십의 민낯을 드러내는 순간입니다. 평소에는 "우리는 한 팀"이라며 공동체를 강조하던 리더가 정작 일이 잘못되었을 땐 누구보다 먼저 뒤로 빠지는 모습을 보는 건 그리 드문 일이 아닙니다.

리더라면 마땅히 조직의 큰 방향을 책임지고, 잘못된 결정이나 시스템적 허점을 살펴 개선해 나갈 책임이 있습니다. 하지만 현실에서는 그 책임을 자신이 아닌 '현장의 직원'에게 떠넘기는 리더들을 종종 마주하게 됩니다. 이들은 마치 자신은 상황의 전모를 몰랐던 양, 또는 직원이 임의로 판단한 것처럼 말하며 책임을 회피합니다. 직원은 당시 리더의 지시나 승인 아래에서 업무를 수행했음에도, 모든 결과에 대한 책임을 홀로 지게 되곤 합니다. 겉으로는 "절차상 어쩔 수 없다"라거나 "너를 보호하기 위한 조치"라고 말하지만, 실상은 조직의 체면과 리더 자신의 자리만 지키기 위한 선택일 때가 많습니다.

그 과정에서 직원의 평판과 경력은 타격을 입고, 조직에 대한 신뢰도 깊이 흔들리게 됩니다. 더 이상 조직을 공동체로 느끼지 않게 됩니다. 이런 일이 반복되면 직원들 사이에서는 "같이 잘해 보자"라는 마음 대신, "나만 피해 보지 말자"라는 생존 전략이 자리 잡게 됩니다.

책임은 위에서 지고, 보호는 아래로 내려와야 합니다. 리더란 바로 그런 구조를 만들어 가는 자리입니다. 문제가 생겼을 때, 직원 뒤에 숨어 버리는 리더가 아니라, 직원 앞에 서서 함께 책임지는 사람이야말로 진짜 리더라고 할 수 있습니다.

**그림자 17** 직원이 회사를 위해서 희생할 줄도 알아야지.

"오랫동안 관례적으로 다들 해 오던 거였고, 규정 같은 것도 전혀 없었거든요. 감사 지적받았어도 그냥 설명하면 되는 게 아닌가 했는데, 그게 다 직원 책임이라는 거죠. … 직원들한테 다 경징계 때리면서 '몇 년 지나면 기록도 없어지고 아무 영향 없다'고. … 없어지는 게 아니었어요. 그것 때문에 승진에서 누락된 동료도 생겼고. 거기 엮인 사람들이 다 일 많이 하고, 열심히 하던 사람들이었어요. 그때 조직 분위기가 확 바뀌었어요."(경험자, 30대 남성)

조직에서 문제가 터졌을 때 리더와 경영진이 보이는 태도는 단순히 한 사건의 대응에 그치지 않습니다. 그건 직원들이 그 조직을 어떤 눈으로 보게 될지를 결정짓는 기준이 됩니다. 특히 위기 상황에서 누가 책임지고, 누가 보호받는지를 직원들은 예리하게 지켜봅니다. 이번 사례는 그 중요한 순간에 경영진이 어떤 선택을 했고, 그 선택이 조직문화와 신뢰를 어떻게 뒤흔들었는지를 보여 줍니다.

A. **사례자:** 경험자/목격자

B. **경험자:** 30-50대 남녀 직원 다수, 장기 프로젝트에 성실하게 참여해 온 실무 중심 인력

C. **리더:** 50대 남성과 여성 임원 각 1명, 회사에서 핵심 의사결정을 담당하는 고위직

### D. 발생한 사건과 배경

한 조직에서 여러 해 동안 수행한 프로젝트에서 인건비 책정과 사용 문제로 외부 감사가 이루어졌고, 조직은 해당 이슈를 직원들의 개인적인 실수로 몰았습니다. 사실 이 문제는 직원 개인이 아니라, 조직 전체가 오랫동안 관행처럼 이어 온 관리상의 허점 때문이었습니다. 조직 내부에는 이를 명확히 규정한 규정조차 없었고, 과거 리더들 역시 같은 관행으로 업무를 처리해 왔습니다.

그러나 감사 결과가 나오자, 두 리더는 책임을 회피하기 위해 실무자들에게 책임을 전가했습니다. 직원 다수가 경징계를 받았고, 공식 문서에서도 직원들에게 책임이 있다고 명시됐습니다.

리더들은 "행정적인 조치일 뿐, 인사에 전혀 영향 없다"라고 했지만, 실제로는 이 징계가 승진 누락과 평가 감점으로 이어졌습니다. 직원들은 조직이 자신들을 지켜주지 않는다는 현실을 확인했고, 노조조차도 이 사안에서 직원들을 보호하지 않았습니다.

### E. 경험자(또는 경험자 가족)의 대응

직원들은 개별적으로 유감을 표하거나 상황 설명을 요구했으나, 공식적인 항의는 이뤄지지 않았습니다. 일부 부서장은 부담감에 보직을 내려놨고, 몇몇 직원은 이직을 선택했습니다.

### F. 조직 내부의 대응

조직은 '사건이 종결됐다'며 별다른 후속 조치를 하지 않았습니다. 인사 기준이나 평가 방침도 공개하지 않았고, "경영진은 책임지지 않는다"라는 인식만 남았습니다.

### G. 리더의 반응

리더들은 "어쩔 수 없는 방침"이라며 이해를 구했습니다. 하지만 시간이 지나면서 인사상 불이익이 가해지자 직원들의 신뢰는 더욱 무너졌습니다. 리더들은 끝내 공식 사과도, 책임 있는 해명도 내놓지 않았습니다.

### H. 경험자 및 주변인에게 남겨진 영향

사건 이후 직원들은 조직을 대하는 태도가 완전히 달라졌습니다. "함께 가는 회사"라는 믿음은 사라지고, "개인 실적만 챙겨야겠다"라는 분위기가 자리 잡았습니다. 임원들은 그런 직원들을 이기적이라 보았지만, 그 원인은 임원 자신들에게 있었습니다. 사내에서는 "우리에겐 경영진이 없다"라는 말까지 돌았고, 동료 간 협업보다는 각자도생 분위기가 짙어졌습니다.

### I. 시사점

이 사례는 위기가 닥쳤을 때 리더가 어떤 선택을 하느냐가 조직 신뢰를 좌우한다는 사실을 명확히 보여 줍니다. 직원의 실수를 감싸야 한다는 것이 아니라, 문제의 구조와 원인을 직시하고 책임을 공정히 나누려는 노력이 필요한 것입니다.

리더가 실무자에게만 책임을 떠넘기고 자신은 안전지대에 머물면, 직원들은 더 이상 조직을 공동체로 보지 않게 됩니다. 이후에는 "어떻게 함께 잘해 볼까"가 아니라 "어떻게 내 책임을 피할까" 하는 태도가 조직문화의 중심이 되어 버립니다.

**그림자 18** **기안 올린 건 너잖아.**

"*문제된 기안은 제가 혼자 결정해서 올린 게 아니에요. 지시받은 대로 썼고, 수정하란 대로 고쳤고, 최종안도 (리더가) 직접 검토하고 확인했어요. 그런데 감사에서 지적이 나오니까 회사는 그게 전부 제 책임이라는 거예요.*"(경험자, 여성)

행정 업무직은 조직 안에서 가장 묵묵한 자리입니다. 누구보다 꼼꼼해야 하고, 실수를 하면 안 되지만, 동시에 결정권은 없습니다. 현장의 실무자들은 대부분 '정해진 틀 안에서 지시받은 대로' 일합니다. 하지만 때로는 그들이 문제 상황에서 가장 먼저 책임을 떠안게 되기도 합니다. 이 사례의 경험자 역시 그 방식으로 부당한 책임을 감당해야 했던 인물입니다.

**A. 사례자:** 경험자/목격자

**B. 경험자:** 40대, 여성, 행정 지원직

**C. 리더:** 50대, 남성, 부서장급 관리자

**D. 발생한 사건과 배경**

경험자는 소속 부서의 행정 실무를 담당하며, 문서 업무나 기안 작성에서도 실수가 거의 없는 직원으로 평가받았습니다. 그러던 중, 부서장인 리더가 특정 사안의 기안을 작성하라고 지시했고, 경험자는 지시에 맞춰 기안을 작성하고 수정을 거쳐 최종안을 올렸습니다.

하지만 몇 달 뒤 외부 감사에서 해당 기안이 규정상 적절치 않다는 지적을 받으면서 문제가 불거졌습니다. 리더가 검토하고 최종 결재까지 마쳤음에도, 회사는 "작성자 책임이 우선"이라는 이유로 경험자에게 경고성 조치를 내렸습니다. 리더는 이 과정에서 아무런 해명이나 개입도 하지 않았고, 경험자의 설명에도 회사는 "절차상 그렇게 처리할 수밖에 없다"라며 책임을 떠넘겼습니다. 경험자 인사 기록에 기록이 남았고, 경험자는 장기적으로 어떤 불이익으로 이어질지 몰라 불안감을 느끼게 되었습니다.

### E. 경험자의 대응

경험자는 처음엔 담담히 상황을 설명하려 했지만, 리더가 상황을 방관한다는 사실에 배신감을 느꼈습니다. 특히 억울했던 것은 수년간 충실히 따랐던 리더가 한 번도 "이건 내 책임도 있다"라는 말을 하지 않았다는 점이었습니다. 그가 한 말은 단 하나뿐이었습니다. "괜찮아, 이 정도는 아무 문제 안 돼." 그 말조차 너무 가볍게 들렸고, 경험자는 자신이 회사에서 쉽게 대체될 수 있는 존재라는 생각에 자존감이 크게 꺾였습니다. 그 뒤로 경험자는 회의에서 발언을 삼가고, 맡은 일 외에는 아무것도 제안하지 않게 되었습니다.

### F. 조직 내부의 대응

감사 이후 회사는 사건을 빠르게 마무리하는 데 집중했습니다. 문제의 구조나 리더의 개입 여부는 재검토하지 않았고, 문서에 이름이 남은 사람에게 책임을 묻는 방식으로 결론지었습니다. 회사 내부 결론은 "개인 실무자의 판단 착오"였으며, 후속 조치는 없었습니다.

### G. 리더의 반응

리더는 경험자에게 해명도, 책임 언급도 없이 사건을 넘겼습니다. 경험자가 공식 보고 라인을 통해 문제 제기를 시도했을 때조차, "나는 다 설명했으니 더 이상 개입하기 어렵다"라는 말만 반복했습니다. 경험자와 마주칠 때에도 "일단 지나갔으니 그만 생각하라"라는 식으로 대화를 끝냈습니다.

### H. 경험자 및 주변인에게 남겨진 영향

경험자는 이후 회사를 신뢰할 수 없다는 인식을 가지게 되었습니다. 성실히 일해도 책임은 혼자 짊어지게 된다는 경험은 이후 업무 태도에도 영향을 미쳤습니다. 부서 내에서는 "행정 기안은 조심해야 한다", "리더 지시를 받으면 이메일로 남겨야 한다"라는 불신과 경계가 커졌고, 전체 분위기가 방어적이고 경직되게 변했습니다.

### I. 시사점

이 사례는 리더의 지시 아래 움직인 실무자가 홀로 책임을 떠안게 되는 조직의 맹점을 보여 줍니다. 특히 권한은 없고 형식적 책임만 떠안는 지원직의 취약함이 여실히 드러납니다. 문서상의 이름으로 책임을 묻는 조직문화는 방어적이고 소극적인 일 처리, 책임 회피형 구조로 이어질 뿐입니다. 리더는 말로만 책임을 지는 존재가 아니라, 자신의 결정에 실질적 책임을 져야 합니다. 문제의 순간, 직원이 조직을 어떻게 느끼게 되는가는 곧 조직이 가진 신뢰 구조를 그대로 보여 줍니다.

**그림자 19** 네가 알아서 다 수정해.

"보고서에 기밀 정보가 그대로 실려 나간 거예요. 프로젝트 리더는 나 몰라라고, 전화도 안 받았어요. 전 그냥 프로젝트 말기에 잠깐 참여한 건데, (사측에선) 그걸 다 저보고 처리하래요."(경험자, 여성)

직장 생활을 막 시작한 신입사원에게 조직은 낯설고 어렵습니다. 하지만 대부분의 신입은 '배우겠다'는 마음으로 노력합니다. 그러나 어떤 조직은 그 신입의 태도와 위치를 오히려 악용합니다. '책임을 떠넘기기 가장 쉬운 사람'으로 삼기 때문입니다.

이번 사례는 분명 책임져야 할 리더가 존재하는 상황에서, 가장 약한 신입사원이 책임을 떠안아야 했던 이유를 잘 보여 줍니다. 리더 개인의 무책임함뿐 아니라, 책임 전가에 급급한 조직의 구조적 문제도 함께 드러나는 사건이었습니다.

**A. 사례자:** 경험자/목격자

**B. 경험자:** 20대, 여성, 신입사원

**C. 리더:** 40대, 남성, 프로젝트 책임자

**D. 발생한 사건과 배경**

경험자는 입사한 지 몇 달 되지 않은 신입사원이었고, 프로젝트 말기에 실무 지원으로 투입되었습니다. 해당 프로젝트는 외부에 배포될 보고서를 포함하고 있었는데, 최종 책임자는 리더였습니다. 그런데 대량으로 출력된 보고서 본문에 기밀로 처리해야 할 내부 정보가 포함되어 있다는 사실이 드러났습니다. 이를 처음 발견한 것도 리더였지만, 그는 곧 자리를 비우고 연락을 끊어 버렸습니다.

회사는 리더가 아닌 신입이었던 경험자에게 수정과 수습을 지시했습니다. 경험자는 보고서 수백 권을 전량 회수해, 비정규직 동료와 함께 기밀 부분을 스티커로 가리고, 포장과 재배포까지 모두 도맡았습니다. 경험자는 "대체 왜 이걸 내가 책임져야 하냐"라는 생각이 들었지만, 신입으로서 조직 내 발언력이 없었고 시키는 일을 묵묵히 해낼 수밖에 없었습니다.

### E. 경험자의 대응

경험자는 리더에게 직접 연락했으나 닿지 않았고, 인사팀에도 상황의 부당함을 알렸습니다. 그러나 돌아온 답변은 "지금은 일단 수습하자"라는 이야기뿐이었습니다. 신입으로서 목소리를 내기 어려웠던 경험자는 수백 권의 보고서를 수정하며 며칠 밤낮을 보냈습니다.

### F. 조직 내부의 대응

사측은 사고 수습에만 급급했고, 책임 소재 정리나 내부 보고는 이루어지지 않았습니다. 리더의 무책임한 태도에 대한 공식 언급이나 징계도 전혀 없었습니다. "이번 일은 조용히 넘어가자"라는 분위기만 남았습니다.

### G. 리더의 반응

리더는 한동안 연락이 두절되었다가 다시 나타나서는 "그때 너도 확인했어야지"라며, 마치 공동 책임이었던 것처럼 책임을 떠넘겼습니다. 상황에 대한 해명이나 사과도 없었습니다.

### H. 경험자 및 주변인에게 남겨진 영향
경험자는 이 사건 이후 조직에 대한 신뢰를 잃었습니다. 입사 초기의 열정은 급속히 식었고, "말 잘 듣는 신입"이 오히려 부담이 될 수 있다는 걸 뼈저리게 깨달았습니다. 그 후 경험자는 모든 지시를 문서로 남기고, 본인에게 책임이 돌아오지 않도록 방어적으로 행동할 수밖에 없었습니다. 주변 동료들 또한 "이번 일은 너무 억울했다"라며 조직의 무책임함에 깊은 회의를 느꼈습니다.

### I. 시사점
이 사례는 리더의 책임 회피가 어떻게 가장 약한 사람에게 부담을 전가하는지를 잘 보여 줍니다. 특히 신입사원이라는 위치는 보호받아야 할 자리임에도, 오히려 더 쉽게 책임을 떠안기는 조직문화가 있다는 점이 우려됩니다. 문제가 생겼을 때 리더가 자리를 피하고, 권한 없는 실무자만 수습을 떠맡게 된다면 그 조직은 자기 보신을 우선하라는 메시지를 전파하는 것이 됩니다.

신입이 조직의 신뢰를 배우는 가장 빠른 길은 '누가 책임지는가'를 지켜보는 것입니다. 그 순간 리더가 도망간다면, 신입에게 남는 건 성장의 경험이 아니라 방어적 회피와 조기 번아웃입니다. 리더는 지시할 권한에 책임질 의무가 따른다는 점을 알고, 의무를 다할 마음의 준비가 되어 있어야 합니다.

**그림자 20** **강의 원고를 제 직원이 썼어요.**

"강의 초안을 제가 써 주긴 했지만, (리더가) 나중에 거기에 뭘 더 추가했는지는 저도 몰랐어요. 강의 중에 완전히 사실과 다른 얘기를 했다고 하더라고요. 심지어 민원까지 들어왔는데, (리더가) 원고를 제가 쓴 거라는 거예요."(경험자, 여성)

조직 내에서 전문성과 권한이 항상 일치하지는 않습니다. 어떤 사람은 실무 경험이 풍부하고 깊이 있는 지식을 갖고 있지만, 공식적인 권한은 제한되어 있습니다. 반면 어떤 사람은 그 분야를 잘 모르더라도 직위나 외부의 시선 덕분에 '전문가'처럼 보이는 경우도 있습니다. 이번 사례는, 전문성 없는 리더가 실무자의 전문성을 자기 것처럼 이용하여 외부 강의를 나섰다가 문제를 일으키고, 그 책임을 실무자에게 떠넘기려 한 상황을 보여 줍니다.

**A. 사례자:** 경험자/목격자

**B. 경험자:** 30대 중반, 여성, 부서 내 실무 경력자

**C. 리더:** 40대 후반, 남성, 부서장, 근속 연수는 짧지만 바로 관리자급으로 임명됨

**D. 발생한 사건과 배경**
경험자는 오랜 기간 전문 업무를 수행해 온 실무자였습니다. 새로 부임한 리더는 외부 강의 요청을 맡게 되었지만, 해당 분야에 대한 이해가

깊지 않았습니다. 리더는 경험자에게 강의 초안을 작성해 달라고 부탁했고, 경험자는 부서의 위신을 지켜야 한다는 생각으로 성심껏 초안을 정리해 전달했습니다.

리더는 초안에 자의적으로 내용을 추가하거나 수정했으며, 일부 내용은 사실과 다른 정보를 담게 되었습니다. 강의 도중 리더가 그 내용을 언급하자 청중이 즉각 반박했고, 이후 회사로 민원까지 접수되었습니다. 리더는 자신의 설명 실수를 인정하지 않고 "이건 ○○가 정리해 준 원고였다"라며, 책임을 경험자에게 돌렸습니다.

### E. 경험자의 대응

경험자는 직접적으로 리더에게 항의하지 못했습니다. 조직 내 위계와 분위기상 관리자에게 정면으로 이의를 제기하는 것이 어려웠기 때문입니다. 그러나 억울함은 사라지지 않았고, 이후 비슷한 요청이 들어왔을 때는 더 이상 응하지 않게 되었습니다. 리더는 경험자 앞에서는 눈치를 보면서도, 다른 사람들에게는 경험자가 지시를 따르지 않는다며 험담을 했습니다.

### F. 조직 내부의 대응

공식적인 징계나 조사는 없었습니다. 민원은 리더가 간단히 해명하며 상황을 수습했고, 회사는 이를 더 이상 확대하지 않으려는 분위기로 넘어갔습니다. 경험자가 억울함을 밝힐 공식 채널은 존재하지 않았습니다.

### G. 리더의 반응

리더는 직접 경험자에게 사실관계를 해명하거나 사과하지 않았습니다.

오히려 "기본 내용은 실무자가 정리한 것"이라며 책임의 일부를 경험자에게 전가하는 태도를 보였습니다. 리더와 친분이 있던 다른 선임은 경험자에게 "왜 부서장을 잘 챙겨 주지 않았느냐"라며 경험자를 나무랐습니다.

### H. 경험자 및 주변인에게 남겨진 영향

경험자는 깊은 배신감을 느꼈습니다. 그동안 신뢰를 쌓으며 조직에 충성해 왔지만, 리더의 무책임으로 인해 억울한 상황을 겪으면서 불만이 쌓여 갔습니다. 이후 리더를 보조하는 업무에 소극적으로 임하게 되었고, "최선을 다할 이유가 사라졌다"라는 생각을 하게 되었습니다. 주변 동료들도 이를 알게 되었고, 부서 내 리더에 대한 신뢰도는 점점 낮아졌습니다.

### I. 시사점

이 사례는 전문성 없는 리더가 실무자의 도움을 받으면서도, 정작 책임의 무게는 지지 않으려 할 때 어떤 상황이 벌어질 수 있는지를 보여줍니다. 실무자는 리더의 요청을 충실히 따랐을 뿐인데, 실수의 책임은 가장 약한 고리인 실무자에게 전가되었습니다. 내용을 자기 멋대로 바꿔서 발표한 사람은 리더였고, 그 실수도 리더의 몫이었지만, 경험자가 잘못의 원흉처럼 취급되었습니다.

전문성이 부족하면서도 외부 강의를 선뜻 맡은 것에서부터 해당 리더의 판단력 부족과 물질에 대한 욕심(=강의료)을 엿볼 수 있습니다. 거기에 더해 임의로 강의 자료를 수정하고, 또 문제가 되자 책임을 직원에게 떠맡기려 한 점에서 책임감도 부족함을 알 수 있습니다.

### 그림자 21 건강 관리는 자기 개인 책임이지.

"회사를 위해서 정말 열심히 일했어요. … 그렇게 버티다가 병이 났고, 수술까지 받게 됐어요. 그랬더니 돌아오는 말이 '건강은 개인 책임'이래요. 회사 탓하지 말라고. 그 한마디에 그냥 마음이 꺼져 버렸어요."*(경험자, 여성)*

조직에서 누구보다 열심히 일한 사람들이 있습니다. 업무에 대한 책임감, 팀에 대한 애정, 조직을 성장시키고자 하는 사명감으로 몸이 아파도, 피로가 쌓여도 하루하루를 견디며 자리를 지킨 이들입니다. 그러다 몸과 마음이 무너졌을 때, 돌아온 말이 "건강은 개인 책임"이라면, 그 조직은 과연 누구를 위한 공간이었을까요?

**A. 사례자:** 경험자/목격자

**B. 경험자:** 30-40대 남녀 다수, 회사에 장기간 헌신해 온 실무진 직원들

**C. 리더:** 50대 남성과 여성, 모두 임원급, 회사 전략과 조직 운영을 총괄하는 핵심 리더

**D. 발생한 사건과 배경**

경험자들은 수년간 회사에서 책임감 있게 일해 온 직원들로, 프로젝트 마감과 업무 공백 최소화를 위해 개인 시간을 희생하며 일해 왔습니다. 그 생활이 이어지면서 일부는 건강에 심각한 이상을 겪었습니다. 암 진단을 받고 수술을 받은 사람, 만성 위장 질환이나 자율신경

계 장애를 겪은 사람, 심한 스트레스로 정신과 치료를 받는 사람 등, 단순한 병가 며칠로 회복될 수 없는 장기 치료가 필요한 이들이 늘어났습니다. 이들의 질병은 단순히 개인 생활 습관 때문이 아니라, 과도한 업무와 긴장 상태, 부족한 회복 기회 등 조직 환경과 직접적으로 관련이 있었습니다. 그럼에도 회사는 병가를 억제하고 통제하려 했습니다. 리더들은 심지어 "건강은 개인 책임이지. 자기가 알아서 챙겨야 하는 건데"라고 말했고, 암으로 휴직 신청을 한 직원에게도 "무책임하다"라며 비난하기도 했습니다.

### E. 경험자의 대응
경험자 중 일부는 병가 중 다른 직장을 찾아 회사를 떠났습니다. 몸도 마음도 지친 상태에서 조직이 자신들을 존중하지 않는다는 사실에 절망한 결과였습니다. 남아 있는 직원들도 공개적으로 문제를 제기하지 못했지만, "이제는 나를 먼저 챙겨야겠다"라는 생각을 하게 되었습니다.

### F. 조직 내부의 대응
회사는 공식적인 조치를 취하지 않았습니다. 질병을 앓고 있는 직원에 대한 배려, 복귀 지원, 유연한 배치 같은 조치 없이 사안을 단순히 개인 사정으로 취급했습니다. 일부 임원진은 "요즘 사람들은 조금만 힘들어도 병원부터 간다"라며, 경험자들을 '유난스럽다'는 시선으로 바라보기도 했습니다.

### G. 리더의 반응
리더들은 "회사는 개인의 건강을 책임질 수 없다"라는 입장을 내세웠습니다. 또 "업무 강도는 예전이 더 높았다"라며, 문제라면 진작에 이야기했어야 한다는 태도로 일관했습니다. "나도 아프고 힘들지만 참고 일하는 거다"라는 식으로 상황을 축소하기도 했습니다.

## H. 경험자 및 주변인에게 남겨진 영향

직원들 사이에는 깊은 냉소와 회의가 번졌습니다. "이 회사는 네가 죽든 말든 신경 안 쓴다"라는 말이 농담 반, 진담 반으로 오갔습니다. 조직에 대한 소속감은 급속히 낮아졌고, 각자 자기 건강과 삶을 먼저 지켜야 한다는 자기 보호 본능이 자리 잡았습니다. 동료가 병으로 힘들어할 때조차 모두 눈치만 보게 되었고, 누구도 "이건 조직의 책임도 있다"라고 말하지 못했습니다.

## I. 시사점

이 사례는 조직을 위해 헌신하던 직원이 병이 났을 때, 그 헌신이 얼마나 쉽게 잊히는지를 보여 줍니다.

리더가 가장 먼저 고민해야 할 것은 '직원들이 일하며 받는 스트레스와 건강 문제를 어떻게 줄일 수 있는가'입니다. 그러나 본 사례의 사측처럼 직원들에게 과도한 업무를 떠넘긴 뒤, 건강이 무너지면 책임을 개인에게 돌리는 조직도 적지 않습니다.

조직은 급여의 대가로 직원의 시간을 활용할 수 있지만, 무작정 그들을 소모해선 안 됩니다. 고통 속에 일하다 병이 난 직원에게 "그건 네 책임"이라고 말한다면, 그 조직은 직원을 그저 소모품으로 여기는 것입니다. 회사가 사람을 위하지 않는다는 사실을 직원이 깨닫는 데는 오랜 시간이 걸리지 않습니다. 그리고 그 깨달음은 되돌릴 수 없는 상실로 이어집니다. 리더는 직원이 건강하게 일할 수 있도록 지켜주는 사람이 되어야 하며, 그것이 지속 가능한 조직의 출발점입니다.

# V
## 줏대 없는 리더

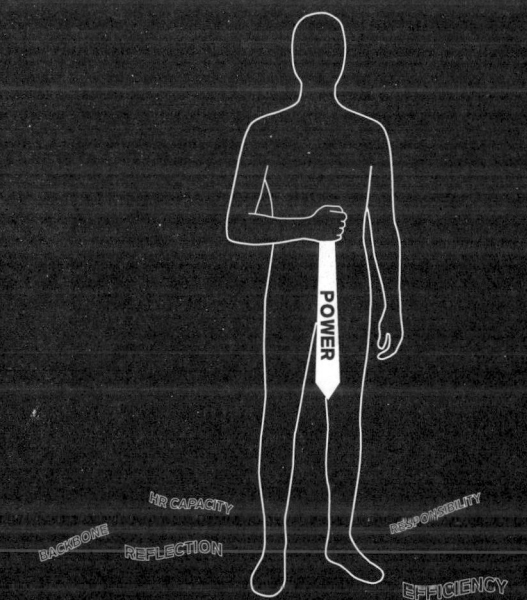

"너 하나만 참으면 쉽게 풀릴 일이잖아."

이처럼 직원에게 희생을 강요하는 리더는 적지 않습니다. 본인보다 직급이 높거나 권력이 있는 사람, 혹은 자신이 쉽게 대하기 어려운 사람 앞에서는 한마디도 못 하면서, 그 대가를 만만한 직원에게 떠넘기는 식입니다.

리더가 권한과 특혜를 부여받는 이유는 단순히 업무를 분배하고 지시하기 위해서가 아닙니다. 리더는 직원이 부당한 일을 당하지 않도록 보호하고, 그들의 목소리가 되어야 합니다. 하지만 현실에서는 권한과 특혜는 누리면서도, 부서원을 보호할 책임은 회피하는 리더가 적지 않습니다. 오히려 문제가 생기면 힘없는 직원에게 책임을 전가하거나, 조직의 구조적 문제를 개인의 실수로 포장해 누명을 씌우는 경우도 비일비재합니다. 이런 현상은 리더 개인의 윤리의식 부족을 반영하기도 하지만, 동시에 조직문화가 그 행태를 방조하고 조장한 결과이기도 합니다. 실제로 일부 조직은 유능하고 성과를 내는 직원보다 '문제를 일으키지 않는 사람'을 선호합니다. 여기서 '문제를 일으키지 않는다'는 것은 일을 잘 처리한다는 의미가 아니라, 조직의 허술한 운영 방식에 이의를 제기하지 않고, 문제가 발생해도 조용히 덮는 태도를 가리킵니다. 이런 사람은 '관리하기 쉽다'고 여겨지고, 리더는 그런 구조 속에서 책임을 외면하기 쉽습니다.

이런 문화는 실질적 성과보다는 형식적 무사안일을 중시하게 만들고, 책임은 약자에게, 공은 윗선에게 돌아가는 불공정한 구조를 고착화합니다. 이로 인한 책임 전가는 단순한 무능을 넘어서, 누명을 씌우는 또 다른 형태의 가해가 될 수 있습니다. 줏대 없이 상급자와 외부 고객에게 휘둘리고, 기꺼이 직원을 희생시키는 리더는 조직을 쇠퇴의 길로 이끕니다.

**그림자 22** 젊은 사람이 먼저 사과해. 후배가 먼저 사과해.

"후배니까 선배한테 먼저 사과해야지. 안 그래? 이러는데 그 앞에서 '아니에요, (선임이) 먼저 문제 만든 거예요'라고 할 수가 없잖아요. … 그냥 내가 대인배되자 하고 (사과) 했더니, (선임은) 정말 자기 잘못은 없었고 제가 문제 있었던 거라고만 생각해요. 그때부터 (선임이 더 괴롭히기 시작함)."(경험자, 남성)

직원 간 갈등이 생겼을 때, 리더들이 화해를 유도하며 "후배가 먼저 사과해라"라는 말을 하는 경우는 꽤 흔히 발생합니다. 특히 연령대가 높은 리더일수록 장유유서적 사고방식에 영향을 받아 이런 판단을 쉽게 내립니다. 리더 입장에서는 후배가 먼저 사과하면 선배도 마음을 누그러뜨릴 것이라 기대하지만 현실은 그렇지 않습니다.

**A. 사례자:** 경험자/목격자

**B. 경험자:** 남성, 30대, 평사원

**C. 리더:** 남성, 50대, 부서장

**D. 발생한 사건과 배경**
문제의 발단은 나이 차이가 거의 없는 두 남직원 간의 갈등이었습니다. 두 사람은 동갑이었으나 입사 시기가 약간 달랐습니다. 경험자가 6개월 후임이었는데, 상대방은 자신이 마치 큰 선배인 것처럼 깍듯한 대접을 바랐고, 90도로 인사하라는 등 말도 안 되는 요구를 했습니다. 경험자는 이를 무시했고, 두 사람 간에 큰 말다툼이 벌어졌습니다.

리더는 이 갈등을 알게 되자 술자리를 마련해 두 사람을 불렀습니다. 리더는 인생 이야기를 하며 화해를 종용했지만, 다툼의 원인은 따져보지 않았습니다. 대신 무작정 경험자에게 먼저 사과하라고 요구했습니다. 후배이니 먼저 사과하라는 논리였습니다.

경험자는 마음속으로는 반발했지만, 직접 지시하는 리더의 말을 거역하기 어려웠고, 갈등을 계속 이어가고 싶지 않은 마음이라 사과했습니다. 그러나 상대는 사과하지 않았고, 오히려 "이제야 정신 차렸냐"라며 경험자에게 비아냥거렸습니다. 리더도 상대에게는 사과를 요구하지 않았습니다. 갈등은 해결되지 않고, 상대는 이전보다 경험자를 더 심하게 괴롭히기 시작했습니다. 갈등 상황이지만 서로 균형을 이루고 있던 관계가 리더의 어설픈 개입으로 균형이 무너지면서, 직장 내 괴롭힘으로 악화된 것입니다.

### E. 경험자(또는 경험자 가족)의 대응

갈등 상대의 압박이 점점 심해지자 경험자는 사측에 문제를 제기했습니다. 구체적인 사례를 들어 괴롭힘을 호소했으나, 이전과 마찬가지로 리더는 경험자의 말을 가볍게 여겼습니다.

### F. 조직 내부의 대응

리더는 또다시 "남자끼리 뭘 그런 걸로 찡찡거리느냐"라며 경험자의 괴로움을 무시했습니다. 리더 본인의 그릇된 판단으로 인해 문제가 더 커졌는데도 여전히 사과를 강요했던 자신의 조치에 문제가 있었다는 자각조차 없었습니다. 경험자의 신고는 적절히 처리되지 않았고, 갈등 상대에 대한 제지도 없었습니다.

### G. 리더의 반응
경험자가 리더에 대해 별도로 신고하지 않았기 때문에 공식적인 반응은 없었습니다. 그러나 비공식적으로는 "경험자가 툭하면 찡찡대는 것"이라는 식으로 경험자를 비난하는 발언을 하기도 했습니다.

### H. 경험자 및 주변인에게 남겨진 영향
리더의 어설픈 화해 중재는 오히려 갈등을 심화시켰고, 경험자는 괴롭힘의 표적이 되었습니다. 갈등 상대는 더욱 공격적으로 변했고, 리더는 이를 방관했습니다. 경험자는 부서 이동을 요청했지만, 리더는 "남자가 고작 그런 일로 부서를 옮기냐"라며 비난했습니다. 경험자는 리더의 언행이 가해에 해당한다는 인식을 미처 하지 못했지만, 깊은 상처를 입었습니다.

### I. 시사점
문제의 책임을 따져 보지도 않고 무조건 "후배가 먼저 사과하라"는 리더의 방식은 중재가 아닙니다. 약자에게 책임을 떠넘기는 무책임한 방식일 뿐입니다. 갈등을 해결하려면 양측 이야기를 충분히 듣고, 잘잘못을 가린 뒤 공정하게 조율해야 합니다. '연장자 우선', '선배 우선' 같은 기준은 갈등을 권력관계로 변질시키며 조직문화를 병들게 합니다. 본 사례의 리더는 갈등의 본질을 보지 못하고, 무작정 후배에게 사과를 강요함으로써 상황을 악화시켰습니다. 화해는 이루어지지 않았고, 경험자는 더 큰 고통을 떠안게 되었습니다.

**그림자 23** 사과 한마디만 하면 되는데 뭘 그렇게 복잡하게 굴어?

"(허위신고 접수 당일) '그냥 사과하고 끝내자. 뭐 복잡하게 만들 일 있어? 하는데….' (신고인 주장이) 말도 안 되는 거란 거 알면서도 (상사가) 그러는데…."(경험자, 남성)

경험자는 조직 내에서 거의 교류가 없던 다른 부서 직원에게 허위신고를 당했습니다. 신고인의 주장은 단순했습니다. 자신이 먼저 인사를 했는데, 경험자가 몇 차례 이를 무시하고 지나갔다는 내용이었습니다. 그러나 경험자는 해당 직원과 별다른 접점이 없었고, 이름조차 제대로 알지 못했습니다. 사무실 층도 다르고, 부서도 달랐기 때문입니다. 인사를 받았다는 기억 자체가 없던 경험자는 억울하고 황당한 마음이었습니다. 경험자의 소속 부서 리더가 부적절하게 개입하면서 상황은 한층 더 악화했습니다.

A. **사례자:** 경험자/목격자

B. **경험자:** 남성, 30대, 평사원

C. **리더:** 여성, 50대, 부서장

D. **발생한 사건과 배경**
신고인은 경험자와 별 교류가 없는 다른 부서 직원이었고, 인사를 무시당했다며 신고를 했습니다. 그러나 경험자는 그 직원을 개인적으로 알지 못했고, 같은 층에서 일한 적도 없었습니다.

경험자 소속 부서의 리더는 "오해가 있었더라도 상대가 상처받았다면 사과하라"라고 요구했습니다. 원칙적으로 직장 내 괴롭힘은 사실관계를 조사한 뒤 판단해야 하지만, 리더는 조사도 없이 사과부터 강요했습니다. 경험자는 사과할 이유가 없다고 거부했지만, 리더는 "사과 한마디만 하면 끝날 일인데 왜 복잡하게 구느냐"라며 경험자를 압박했습니다. 심지어 "신고할 이유가 있으니 했겠지"라며 경험자를 의심하는 태도를 보였습니다.

### E. 경험자(또는 경험자 가족)의 대응
경험자는 사측에 리더의 부적절한 언행을 알렸습니다.

### F. 조직 내부의 대응
사측은 "먼저 접수된 신고가 해결되기 전에는 경험자의 신고를 처리할 수 없다"라며 사실상 아무런 조치를 하지 않았습니다. 이후 경험자의 신고 사실이 리더에게 누설되면서 기밀 유지 의무마저 지켜지지 않았습니다.

### G. 리더의 반응
경험자가 본인의 언행을 신고했음을 알게 된 리더는 부서 내에서 경험자를 따돌리기 시작했습니다. 경험자가 허위신고를 당했다는 맥락을 제대로 알지 못하는 동료들에게까지 이 사실을 알리며, 경험자의 평판을 악의적으로 훼손했습니다.

### H. 경험자 및 주변인에게 남겨진 영향
조사조차 이뤄지지 않은 허위신고 상황에서 리더는 경험자에게 사과를 강요했고, 이후 경험자를 가해자로 낙인찍는 언행까지 보였습니다. 신고인이 젊은 여성, 경험자가 남성이라는 점에서 선입견이 작용했고, 동료들 다수는 경험자가 정말 가해자라는 판단을 내렸습니다. 경험자는 그 누구로부터도 억울함을 공감받지 못했고, 조직 내에서 철저히 고립되었습니다. 경험자는 정신적 고통을 견디지 못하고 퇴사를 선택했습니다.

### I. 시사점

이 사례는 허위신고로 시작된 문제에 대한 리더의 무책임하고 편향된 대처가 어떻게 2차 가해로 키우는지를 잘 보여 줍니다. 괴롭힘 여부는 철저한 사실관계 조사로 규명해야 하며, 리더는 섣부른 중재가 아니라 공정하고 신중한 판단을 해야 합니다. "사과 한마디로 끝낼 일"이라는 무책임한 말은 사실관계를 왜곡하고, 오히려 무고한 사람에게 돌이킬 수 없는 상처를 남길 수 있습니다. 조직은 작은 오해라도 절차에 따라 정확히 다루어야 신뢰를 지킬 수 있습니다. 리더가 그 신뢰를 허무는 순간, 직원들 역시 리더를 신뢰하지 않게 됩니다. 신뢰하지 않는 리더를 위해 열심히 일할 직원은 없습니다.

### 그림자 24  그냥 사유서 하나 쓰면 되는 거야.

"사유서를 제가 쓰는 게 아니라는 걸 나중에 알았어요. 기안 올린 (다른 직원)이 잘못한 거니까 그 사람이 써야 하는 건데, 그걸 저한테 쓰라고 한 거예요. (잘못한 직원은) 자기 부서원이라고 감싸고."(경험자, 여성)

이번 사례의 리더는 본인이 책임지기 어렵거나 원치 않는 문제 상황이 생겼을 때, 가장 만만한 직원에게 그 책임을 전가하는 방식으로 상황을 처리했습니다. 조직의 규정이나 적절한 절차보다는 해결을 쉽고 빠르게 끝내려는 무책임한 태도를 보였습니다. 더구나 리더가 책임을 떠넘긴 대상은 입사한 지 얼마 되지 않은 신입 직원이었습니다. "그냥 사유서 하나 쓰면 된다"라는 말은 경험자에게 사실상 책임을 덮어씌우기 위한 수단이었습니다.

**A. 사례자:** 경험자/목격자

**B. 경험자:** 여성, 20대, 평사원

**C. 리더:** 남성, 50대, 감사부서장

**D. 발생한 사건과 배경**

경험자는 입사 직후 해외 출장을 다녀왔고, 그 과정에서 출장 기안의 행정상 오류가 문제가 되었습니다. 그러나 해당 기안은 경험자가 작성한 것이 아니라, 행정 전담 직원이 처리한 것이었습니다. 오류가 발생하자 감사부서장(=리더)이 문제를 지적하며, 경험자를 호출했습니다. 문제는 행정 직원에게 있었지만, 그는 경험자가 잘못된 정보를 제공했다고 주장했습니다. 경험자는 그와 통화한 적도 없고, 관련 내용을 주고받은 기록조차 없었습니다. 하지만 리더는 경험자에게 사유서를 작성하라고 지시했습니다. 경험자가 항의하자, 리더는 "정산 처리를 위해 사유서가 필요하다"라는 이유만 되풀이했습니다.

경험자는 마지못해 기안 담당자의 잘못임을 밝히는 사유서를 제출했습니다. 그러자 리더는 "이런 식으로 쓰면 더 문제가 된다"라며 다시 작성하라고 요구했습니다. 사실상 경험자의 잘못인 것처럼 내용을 바꾸라는 압박이었습니다. 경험자가 거듭 반발하자, 리더는 사유서를 쓰지 않으면 출장비 잔액(약 100만 원)을 정산받을 수 없을 것이라고 으름장을 놓았습니다. 경험자는 본인의 잘못처럼 왜곡된 사유서를 쓸 수밖에 없었습니다. 사유서를 작성해야 할 당사자는 경험자가 아닌 행정 직원임이 내부 규정상 명확했습니다. 그러나 리더의 단호한 태도와 위협 때문에 경험자는 따를 수밖에 없었습니다.

### E. 경험자(또는 경험자 가족)의 대응

경험자는 사측에 해당 사실을 알렸고, 자신이 부당하게 책임을 떠안았다고 호소했습니다.

### F. 조직 내부의 대응

사측은 이미 문제가 해결된 사안이라며 별다른 조치를 하지 않았습니다. 사유서는 징계의 전 단계일 수 있으나, 반드시 징계를 의미하지는 않는다는 이유로 문제 삼지 않았습니다. 그러나 본인이 잘못하지 않은 일에 대해 공식 문서를 작성하도록 강요한 것은 명백히 부당한 관리 행위입니다.

### G. 리더의 반응

경험자가 이 문제를 문제 삼자, 리더는 오히려 주변 직원들에게 "신입이 별걸 다 예민하게 받아들인다"라는 식으로 말했습니다. 마치 경험자가 문제를 일으키는 사람이라는 식으로 비난한 것입니다.

## H. 경험자 및 주변인에게 남겨진 영향

경험자는 입사 초기부터 조직과 리더에 대한 신뢰를 상실하게 되었습니다. 단지 사유서 한 장의 문제가 아니었습니다. 막 사회에 발을 들인 신입 직원에게 "부당하게 책임을 전가해도 괜찮다"라는 부정적인 조직 문화를 몸소 체험하게 한 사건이었습니다.

## I. 시사점

본 사례는 경험자가 처음 입사한 직장에서 겪은 일이었습니다. 최초의 경험은 항상 더 강한 영향을 남기기 마련입니다. 특히 우리 사회의 청년 세대는 조직을 위해 희생하는 부모 세대의 불합리한 경험을 목격하며 자라났기 때문에, 부당함을 더욱 민감하게 받아들이는 경향이 있습니다. 리더 입장에서는 그저 손쉬운 처리일 뿐이었겠지만, 그 무책임하고 형식적인 판단이 청년 한 사람의 조직에 대한 신뢰를 무너뜨렸고, 직장 경험을 부정적으로 각인시킨 계기가 되었습니다. 본 사례는 부당한 적당주의식 행정을 가볍게 생각하는 우리나라 리더 집단의 낮은 윤리의식을 적나라하게 보여 주고 있습니다.

### 그림자 25 고객한테 갑질 당하는 건 네가 잘못해서야.

"우리는 그런 말 한 적이 없어요. 오히려 고객이 처음부터 반말하면서 무례하게 대했고, 그런데 그 사람이 우리가 한 적도 없는 말을 했다고 회사에 말했다는 거예요. 사장이라는 사람이 그 말만 믿고 우리한테 뭐라고 한 거죠. 고객이 거짓말한 게 아니라 우리가 설명을 잘못해서래요." *(경험자, 여성)*

조직에서 직원을 보호하는 일은 단지 도덕적 의무에 그치지 않습니다. 그것은 곧 신뢰의 기반을 만드는 리더십의 핵심입니다. 그러나 일부 리더는 외부 고객의 목소리를 무비판적으로 수용하며, 내부 직원을 손쉽게 희생시키는 선택을 하기도 합니다. 이번 사례는 바로 그런 선택이 어떤 결과를 낳는지를 보여 주는 이야기입니다.

**A. 사례자:** 경험자와 목격자가 함께 제보한 사례

**B. 경험자:** 30대 여성과 40대 여성 각 1인, 고객 대응을 주로 담당하는 실무자

**C. 리더:** 50-60대 여성, 인사권을 갖고 있는 사용자의 위치

**D. 발생한 사건과 배경**

경험자들은 고객과 소통하고 협상하며 업무를 수행하던 실무자들이었습니다. 사건은 무례한 태도를 반복하던 특정 고객과의 응대 중에 발생했습니다. 고객은 반말과 모욕적 언사로 경험자들을 지속적으로 괴롭혔고, 경험자들은 참고 견디며 리더와 상황을 상의했습니다.

고객은 경험자들이 하지도 않은 말을 했다고 회사에 거짓된 주장을 했습니다. "경험자들이 협조를 거부했는데, 그 이유를 사장이 하지 말라고 해서라고 했다"라는 허위 주장을 하며 항의성 민원을 제기했습니다. 경험자들은 리더가 자신들의 설명을 믿고 보호해 주길 기대했습니다. 하지만 리더는 "고객이 거짓말을 했다고 보기 어렵다"라며, 경험자들에게 "초기에 설명을 더 정확히 했어야 한다", "고객이 오해할 여지를 준

것이 잘못"이라고 질책했습니다. 심지어 "상대방이 기분 나쁘게 느꼈다면 그 자체가 문제"라며 경험자들을 꾸짖었습니다. 고객의 말은 무비판적으로 수용된 반면, 경험자들의 해명은 "설명 부족"으로 왜곡된 것입니다. 경험자들은 이 경험을 통해 회사 안에서 고객보다 직원의 말이 더 가볍게 취급된다는 사실을 절실히 깨달았습니다.

### E. 경험자의 대응

경험자들은 당시 상황을 기록해 리더에게 전달했으며, 통화 내용 요약까지 첨부했습니다. 그러나 리더는 "증거로는 부족하다"라며 여전히 고객의 주장을 중시했습니다. 공식적인 문제 제기는 하지 못했지만, 이 사건으로 업무 동기와 조직에 대한 신뢰가 크게 흔들렸습니다.

### F. 조직 내부의 대응

조직은 고객 응대 중 발생하는 폭언이나 감정노동에 대한 별도 지원 체계를 갖추지 않았습니다. 경험자들의 호소는 '민원 처리의 일부'로만 취급되었고, 사후 보호나 감정 케어 시스템은 전혀 없었습니다. 경험자의 과민성과 소통 역량 부족으로 치부하는 분위기였습니다.

### G. 리더의 반응

리더는 일관되게 "고객을 잘못 이해하게 만든 것이 잘못이다"라며 경험자들에게 유감을 표했습니다. 하지만 고객의 무례한 언행에 대해서는 언급하지 않았고, 이에 대해 조직 차원에서 문제를 제기하지도 않았습니다. 직원들이 당한 모욕감보다는 외부 민원으로 조직 이미지나 자신의 입지가 흔들릴까 봐 본인의 보신을 우선시했습니다. 심지어 경험자 중 한 명에게는 그 일로 "이런 사람을 승진시켜도 되나"하고 고민했었다며, 승진을 시켜 줬으니 이제부터는 잘하라고 말하기까지 했습니다. 경험자들을 외부 고객의 갑질로부터 보호하기는커녕, 오히려 그런 갑질을 더 수용하도록 요구한 것입니다.

**H. 경험자 및 주변인에게 남겨진 영향**
이 사건으로 경험자들은 리더에 대한 신뢰를 완전히 잃었습니다. 리더는 이미 공감 능력이 떨어지고, 고객에게만 잘하며 내부 직원을 외면한다는 평판을 얻고 있었습니다. 고객의 무례를 조직이 방치한 결과, 경험자들은 고객 응대에 불안과 회피 심리가 생겼고, 주변 동료들 역시 "잘못하지 않아도 외부 민원이 들어오면 우리가 책임져야 한다"라는 냉소적인 태도를 갖게 되었습니다.

**I. 시사점**
이 사례는 리더가 내부 직원을 보호하지 않을 때, 외부의 무례함이 조직 안으로 얼마나 깊이 침투할 수 있는지를 보여 줍니다. 고객의 말만 무조건 수용하고 내부 직원을 희생양으로 삼으면, 일시적 사태 수습은 될 수 있을지 몰라도 장기적으로는 조직의 신뢰와 응집력을 무너뜨립니다. 외부 고객의 갑질을 방관하거나 묵인하면, 그들의 갑질은 점점 심각해질 뿐입니다. 즉, 직원이 외부 고객으로부터 갑질을 당하는 가장 근본적인 이유는 리더가, 조직이 고객에게 그렇게 해도 된다는 암묵적 메시지를 주기 때문입니다.
직원은 조직 안에서 자신이 존중받고 보호받는다는 믿음이 있어야 헌신할 수 있습니다. 그 믿음이 깨지면 남는 것은 방어적 태도와 조직에 대한 냉소뿐입니다. 고객 응대에서 중요한 것은 단순한 외부 만족이 아니라, 그 업무를 수행하는 내부 직원이 사람답게 존중받고 있느냐는 점이기도 하다는 것을 우리는 잊어서는 안 됩니다.

### 그림자 26 화장실 갈 때도 매번 보고하고 가.

"화장실을 갈 때도 보고하고 가라는 거예요. 정말 그런 것까지 말해야 하나요? 근데 본부장은 그게 '그게 기관장을 섬기는 자세'래요. … 저희 중 하나가 겨우 용기 내서 기관장님께 말씀드렸는데, '그럴 사람 아니다. 오해가 있었을 거다'로 끝이더라고요."(경험자, 여성)

조직은 사람으로 돌아갑니다. 그 사이엔 눈에 보이지 않는 위계와 권력이 흐릅니다. 때로 그 위계는 직급이라는 이름으로 권력의 비대칭을 정당화하고, 권력은 사적인 통제의 도구로 변질됩니다. 이 사례는 권위 있는 자리에 있는 리더가, 그 지위를 이용해 실무자를 과도하게 통제한 사건입니다. 그 통제가 '기관장을 잘 보필하라'는 명목으로 합리화되었고, 정작 기관장 본인도 그 문제를 직시하지 않았습니다.

**A. 사례자:** 경험자/목격자

**B. 경험자:** 20-30대 여성, 기관장의 일정·응대·실무 지원을 담당한 비서 역할의 직원

**C. 리더:** 50대 남성, 본부장급 관리자, 기관장으로부터 높은 신뢰를 받

고 있는 인물

**D. 발생한 사건과 배경**

경험자는 조직 내에서 가장 젊은 축에 속하는 여직원이었고, 새로 부임한 기관장을 가까이서 보좌하는 비서 역할을 맡았습니다. 기관장 본인은 조용하고 무던한 사람이었기에 기관장 때문에 힘든 일은 별로 없었습니다. 문제는 기관장에 대한 충성심이 과도했던 리더였습니다. 그는 점차 경험자의 시간을 통제하고 감시하기 시작했습니다. "기관장이 널 찾았을 때 자리에 없어선 안 된다"라는 이유로 화장실 갈 때도 매번 보고하라고 지시했습니다.

리더의 통제는 경험자 한 사람만의 문제가 아니었습니다. 다른 여직원들도 같은 방식으로 괴롭힘을 당했지만, 리더의 권위와 기관장의 무조건적 신뢰 때문에 누구도 쉽게 문제를 제기하지 못했습니다. 리더는 모든 과도한 요구를 "이게 기관장을 섬기는 일"이라며 정당화했습니다. 불필요하게 복잡한 절차를 만들어 직원들을 야근에 몰아넣고, 이를 감시하며 함께 야근을 하기도 했습니다. 기관장은 리더의 이러한 태도를 "열정적"이라고 칭찬했고, 리더의 권위는 점점 더 커졌습니다.

누군가 리더의 행태를 기관장에게 직접 알렸지만, 기관장은 "그럴 사람 아니다. 오해가 있었던 것"이라고 일축했습니다. 이는 사실상 경험자의 말을 부정하며, 조직 내 침묵을 요구하는 신호가 되었습니다.

**E. 경험자의 대응**

경험자는 공식적으로 문제를 제기하지 못했습니다. 리더의 권위, 기관장의 신뢰, 조직 내 분위기가 모두 "더 말하지 말라"라는 무언의 압박으로 느껴졌기 때문입니다. 경험자는 조용히 견디며 자리에서 버티는 선택을 할 수밖에 없었고, 자신감을 잃어갔습니다.

### F. 조직 내부의 대응
조직 차원의 대응은 전혀 없었습니다. 리더의 모든 지시는 "기관장을 위한 것"이라는 논리로 묵살되었고, 직원들의 권리나 감정은 전혀 고려되지 않았습니다. 오히려 실무자들이 더 조심해야 한다는 인식이 퍼졌고, 조직 전체가 더욱 경직되었습니다.

### G. 리더의 반응
리더는 자신이 기관장을 보좌하는 중요한 역할을 하고 있다는 자부심이 있었고, 그 안에서 '내 생각은 항상 옳다'는 독선적 태도를 강하게 가지고 있었습니다. 경험자가 불편함을 호소하면 "그 정도는 감수해야 한다", "이게 다 기관장을 위한 거니까 해야 하는 거다"라는 식으로 일축했습니다. 자신의 방식이 '조직 운영에 필요한 최소한의 질서'라고 확신하고 있었고, 자기 확신 속에서 타인의 고통은 보이지 않았습니다.

### H. 경험자 및 주변인에게 남겨진 영향
경험자는 위축되었고, 업무에서 자신감을 잃었습니다. 언제 리더의 질책이 쏟아질지 모른다는 불안감은 매일의 업무를 고통스럽게 만들었습니다. 주변 직원들 역시 "그 자리에 가면 각오해야 한다"라는 체념이 퍼졌고, 기관장 곁에서 일하는 것을 꺼리게 되었습니다. 새로운 기관장이 부임하고 리더가 자리에서 물러난 뒤에야 직원들은 숨을 돌릴 수 있었습니다. 하지만 "그가 언젠가 돌아올 수 있다"라는 두려움은 여전히 남았습니다.

## I. 시사점

이 사례는 리더 개인의 통제가 어떻게 조직의 문화로 굳어지고, 그 권력이 '기관장의 신뢰'라는 방패 아래 방치되는지를 보여 줍니다. "그럴 사람이 아니다"라는 기관장의 말은 피해자의 입을 막고, 현실을 거부하도록 가스라이팅합니다. 기관장이 약자에게 침묵을 요구하면, 리더는 그 침묵을 자신의 권위로 착각합니다.

기관장이 특정 측근만 신뢰하고 다른 직원의 말을 듣지 않는다면, 그 조직은 안에서부터 곪아 가기 시작합니다. 리더는 충성을 요구하기 전에 자신의 권한이 타인의 존엄을 침해하고 있지 않은지 돌아봐야 합니다. 사용자는 '신뢰하는 소수의 측근'이 아닌, '보호받아야 할 직원'의 목소리에 귀를 기울여야 합니다.

### 그림자 27 출장 갔다 오면서 (사장님) 사모님하고 자제분들 선물 챙겨 와.

"처음으로 해외 출장 가는 건데, (리더가) 불러서 선물 사 오라는 거죠. 사장님, 사모님, 자녀들 것도 다. 그리고 '내 것도 챙겨 오면 좋지.' 이러고. 이런 게 상납 요구 아닌가요?"(경험자, 남성)

"(명문 대학을 나온 경험자에게) 주말에 사장님 집에 가서 아이들 과외 시켜 주래요. 과외비 주는 것도 아니고 그냥…. (다른 동료는) 사장님 애들 하고하는데 데리러 가라고…."(경험자, 여성)

충성심으로 포장된 '사적인 요구'는 명백히 갑질입니다. 직원은 업무 수행을 위해 고용된 노동자이지, 누군가의 개인 심부름꾼이나 도우미가 아닙니다. 하지만 일부 조직에서는, 특히 사장의 신임을 얻고자 하는 리더가 이런 사적인 요구를 직원에게 전가하곤 합니다. 이번 사례는 공사조차 구분하지 못하며, 권력에 아부하기 위해 직원을 착취하는 리더의 민낯을 적나라하게 보여 줍니다.

**A. 사례자:** 경험자/목격자

**B. 경험자:** 남성 30대, 여성 20대, 평사원

**C. 리더:** 여성, 50대, 부서장

**D. 발생한 사건과 배경**

두 명의 경험자는 같은 부서에서 근무했습니다. 이 부서의 리더는 '사장의 총애를 받는 리더'로 알려진 인물이었지만, 총애를 받으려는 방식이 매우 왜곡되어 있었습니다. 자신이 직접 챙기기보다는 부서 직원들을 사장의 사적 일에 동원하는 식이었습니다.

남성 경험자는 입사 후 첫 해외 출장을 앞두고 있었습니다. 그러나 리더는 그를 불러 "사장님, 사모님, 자녀들 선물도 챙겨 오라"고 지시했습니다. 심지어 "내 것도 하나 챙겨 오면 좋지"라며 본인의 사적 요구까지 덧붙였습니다. 따로 돈을 준 것도 아니었습니다. 경험자 본인의 사비로 구매해 오라는 의미였습니다.

여성 경험자는 명문대를 졸업하고 막 입사한 신입 직원이었습니다. 리더는 "사장님 사모님을 소개해 주겠다"라며 "주말에 아이들 과외를 해주라"라고 요구했습니다. 경험자가 과외비를 물었더니, 리더는 "젊은

사람이 뭘 그렇게 돈돈 하느냐"라며 타박했습니다. 무급으로 개인적 봉사를 요구한 것이었습니다.

이뿐만이 아니었습니다. 다른 동료들에게도 사장 자녀 하교 담당, 사모님 골프장 모셔다드리기 등의 심부름이 지시되었습니다. 유류비조차 지원되지 않았습니다. 모든 요구는 업무처럼 포장되었지만, 본질은 사적인 심부름이었습니다. 하지만 사장이 그런 리더를 아꼈기 때문에, 직원들은 부당한 지시를 쉽게 거절할 수도 없었습니다.

### E. 경험자(또는 경험자 가족)의 대응
두 경험자뿐 아니라 다른 직원들도 리더에 대해 불만이 컸습니다. 그러나 "신고해 봐야 바뀔 것 같지 않다"라는 생각이 지배적이었습니다. 리더가 '사장을 잘 챙기는 사람'으로 보호받고 있었기 때문입니다.

### F. 조직 내부의 대응
신고가 없었기 때문에 조직 내부의 대응은 없었습니다.

### G. 리더의 반응
리더는 자신의 행동을 전혀 문제로 여기지 않았습니다. '사장을 섬긴다'는 명분으로 자신의 부당 지시를 정당화했으며, 사장의 신임을 방패로 삼았습니다. 이 구조에서 리더는 오히려 더 대담해졌고, 갑질은 일상처럼 반복되었습니다.

### H. 경험자 및 주변인에게 남겨진 영향
두 경험자는 현재 부서 이동만을 바라고 있습니다. 조직 자체에도 문제는 있지만, 지금 몸담은 부서가 특히 심하다고 느끼기 때문입니다. 중견기업이지만 대기업 수준의 급여와 복지를 갖추고 있어 퇴사할 생각은 없습니다. 하지만 입사 초기의 열정과 기대는 사라졌다고 합니다. 이제는 "조직이 주는 만큼만 일하자"라는 태도로 버티고 있습니다. 리더 개인의 문제가 아니라, 사적인 요구를 '충성심'으로 둔갑시키는 조직문화가 직원들을 소진시키고 있는 것입니다.

## I. 시사점

권력자와 가족을 '섬기는' 것을 업무 실적보다 중요하게 여기는 조직에서는 직원이 점점 '사람'이 아닌 '수단'처럼 취급됩니다. 권력자를 위한다는 명목으로 직원의 존엄과 권리는 쉽게 침해됩니다. 직원은 조직의 소유물이 아닙니다. 조직이 이 당연한 사실을 외면하는 한, 아무리 좋은 복지제도를 갖춰도 직원은 등을 돌리게 됩니다.

**그림자 28** 젊은 직원들 얼른 나와서 사장님 맞이해.

"(사장이 여러 사업소를 운영하는 상황) 사장님 오신다고 하면 젊은 남직원들이 가장 앞에 나가 있어야 해요. 귀부인 모시는 집사, 이런 거? 그걸 (리더)가 시켜요. 그럼 사장은 또 우리 직원들 훈훈하다, 든든하다 하면서 팔뚝 같은데 은근슬쩍 손대고."(목격자, 여성)

성평등이란 모든 성별이 존중받는 것을 뜻합니다. 여직원을 사업주 응대에 활용하는 사례는 이미 잘 알려져 있습니다. 일부 조직에서는 여성 직원을 외형적 이미지로 배치하거나, 손님 접대용 '의전 인력'처럼 쓰는 경우도 있습니다. 그러나 이번 사례처럼 남성 직원이 동일한 방식으로 동원되는 경우는 상대적으로 잘 알려져 있지 않습니다. 성별만 바뀌었을 뿐, 문제의 본질은 동일한데도 말입니다.

**A. 사례자:** 경험자와 주변인이 함께 제보한 사례였습니다.

**B. 경험자/주변인:** 남성, 30대/여성, 30대, 평사원

**C. 리더:** 여성, 40대, 부서장

**D. 발생한 사건과 배경**

사례가 발생한 사업장은 여성 비율이 높은 직장이었습니다. 사장과 부서장 모두 여성이었고, 전반적으로는 육아휴직이나 단축근무 등 여성 친화적인 제도가 잘 갖춰져 있었습니다. 그 덕분에 '여성이 다니기 좋은 직장'으로도 자주 언급되곤 했습니다.

그러나 사장이 사업장을 방문할 때마다, 리더는 젊은 남직원들이 가장 먼저 나가서 맞이하라고 지시했습니다. 목격자에 따르면 그 모습은 "귀부인을 맞이하는 집사" 같았고, 마치 사장을 기쁘게 해 주기 위해 남직원들을 전시하는 듯한 느낌이 들었습니다. 목격자는 과거에 다른 직장에서 여직원들이 '기쁨조'로 불렸던 경험을 떠올리며 큰 불쾌감을 느꼈다고 전했습니다.

실제 경험자인 젊은 남직원 역시 이 상황을 매우 수치스럽게 여겼습니다. 사장이 환영 인사 중 남직원의 팔뚝이나 등에 손을 올릴 때가 있었는데, 경험자에게는 불쾌하기 그지없는 경험이었습니다. 그의 표현을 빌리면, "성별만 바뀌었다면 명백히 성추행"이었습니다. 사업주가 성추행

의 가해자였고, 리더는 그런 상황을 만든 방조자이자 가해자였습니다.

### E. 경험자(또는 경험자 가족)의 대응
경험자는 신고하지 못했습니다. 그 이유는 두 가지였습니다. 하나는 리더와 사장이 서로를 매우 신뢰하고 있다는 사실 때문이었고, 다른 하나는 "남성이 이런 일로 문제를 제기하면 찌질해 보인다"라는 사회적 인식 때문이었습니다. 하지만 목격자와 함께 문제의식을 공유하면서, 두 사람은 비로소 서로 대화를 나눌 수 있었습니다.

### F. 조직 내부의 대응
공식적인 신고가 없었기 때문에, 조직 차원에서의 대응은 이뤄지지 않았습니다.

### G. 리더의 반응
경험자가 직접적으로 문제를 제기한 적은 없었지만, 목격자가 조심스럽게 리더의 언행이 불편하게 느껴졌다고 언급한 적이 있었습니다. 그때 리더는 "개념 있는 척, 남자한테 알랑방귀 떠는 여자들, 난 참 싫더라"라는 말을 했다고 합니다. 이런 발언은 본인의 행동의 부적절성을 가리기 위해 문제 제기한 상대방을 공격하는 비겁한 대응 방식이었습니다.

### H. 경험자 및 주변인에게 남겨진 영향
경험자와 목격자는 조직이 내세우는 '성평등'이라는 가치를 점점 신뢰할 수 없게 되었다고 말합니다. 겉으로는 성평등을 지향한다고 하지만, 실상은 특정 성별이 유리한 방식으로만 운영되는 것이 아닌가 하는 회의감이 들었습니다. 경험자는 이직을 고민하고 있고, 목격자는 여성으로서의 실익과 양심 사이에서 깊은 갈등을 겪고 있습니다.

### I. 시사점

사례 속 리더는 본인의 언행이 문제라는 자각 없이 "사업주를 위한 의전"이라는 이름으로 부당 지시를 정당화하고 있었습니다. 성별이 바뀌었을 뿐, 직원이 사장의 기분을 좋게 만들기 위해 성적 수치심을 참고 움직여야 했던 구조는 똑같았습니다. 이런 문제를 외면하거나 방치하는 조직은 '표면적인 성평등'만을 소비하고 있는 것입니다.

성평등을 외친다고 해서 "여성이 최악의 남성처럼 행동해도 되는" 것은 아닙니다. 오히려 진정한 성평등은 모든 성별이 존중받고, 불쾌한 상황에서 침묵하지 않아도 되는 환경을 만드는 것입니다.

### 그림자 29  사장님 술잔 비었다. 잔 채워 드려야지.

"항상 사장님 옆에 앉으라고 해요. 여직원들이 불편하면 눈을 흘기면서 얼른 가서 앉으라고 뭐라 그러고. 사장님 잔 비우면 얼른 채워 드리라고 하고요."(경험자, 여성)

직원을 접대부처럼 이용하는 접대는 상식적인 업무의 영역이 아닙니다. 여성에게 상급자 옆에서 술을 따르는 역할을 강요하는 것은 결코 당연한 관행이 될 수 없습니다. 이런 문화는 수십 년 전부터 비판받아 왔지만, 여전히 일부 조직에서는 "업무의 연장"이라며 존재하고 있습니다. 이번 사례도 여직원에게 접대를 강요하는 오래된 관행이 어떻게 이어지고 있는지를 보여 줍니다.

**A. 사례자:** 경험자/목격자

**B. 경험자:** 여성, 20대, 평사원

**C. 리더:** 남성, 50대, 부서장

**D. 발생한 사건과 배경**

경험자가 일하는 조직은 남성 비율이 매우 높은 곳이었습니다. 그런 환경에서 젊은 여성 직원은 특히 회식 자리에서 자주 호출되었습니다. 리더는 회식 때마다 경험자에게 사장님의 옆자리에 앉으라고 지시했고, 사장님의 잔이 비면 얼른 채우라고 말했습니다.

이 상황은 단순히 예절 차원의 행동이 아니었습니다. 리더가 눈을 흘기며 재촉하거나, "조직을 위해서라면 이 정도는 해야 한다"라고 말하며 경험자의 불편을 무시했기 때문입니다. 회식 외에도 외부 접대 자리에서 여성 직원이 동행하도록 요구하는 일이 계속됐습니다. 이러한 요구는 점점 조직에서 '업무'처럼 굳어졌습니다. 이런 문화를 과거에 겪었던 여성 선배들도 오히려 "후임 몫"이라며 당연시했습니다.

**E. 경험자(또는 경험자 가족)의 대응**

경험자는 분명히 리더의 언행이 부적절하다는 인식을 갖고 있었고, 이를 조직 내부의 고충상담위원에게 조심스럽게 상담했습니다.

**F. 조직 내부의 대응**

고충상담위원은 오히려 경험자의 문제 제기를 가볍게 여기는 태도를 보였습니다. 그는 리더에 대해 "딸만 여럿 둔 아빠인데 그런 생각으로 했겠느냐"라며 경험자의 느낌을 오해로 치부했습니다. 그 자리에서 리더에게 전화를 걸며 "본인이 불편해한다고 하니 앞으로는 조심하라"라고 전달했지만, 상담자로서 적절한 중재나 보호 의지는 보이지 않았습니다.

### G. 외부 기관의 대응

경험자는 무료 노무 상담을 통해 전문가의 견해를 들어 보기도 했습니다. 상담사는 리더의 언행이 부적절하다는 점에는 동의했지만, 직접적인 성희롱 발언이나 신체 접촉이 없었던 점을 들어 법적 판단은 어려울 수 있다고 설명했습니다.

### H. 리더의 반응

리더는 고충상담위원으로부터 연락받은 사실에 매우 불쾌해했습니다. "불편하면 나한테 직접 얘기하지 왜 다른 사람을 찾았느냐"라며 경험자에게 반감을 드러냈습니다. 이후 "앞으로는 그런 일 안 시키겠다"라고 말했지만, 말끝에는 "회사를 위해서 일할 생각을 해야지 참나"라는 말을 덧붙였습니다. 이후 리더는 경험자를 의도적으로 무시하거나 배제하는 태도를 보였습니다.

### I. 경험자 및 주변인에게 남겨진 영향

경험자는 "술 따르는 일이 왜 조직을 위한 일이냐"라며 깊은 회의감을 드러냈습니다. 현재 입사 1년이 채 되지 않았지만, 이직을 준비하고 있습니다. 주변 여성 선임들은 비슷한 일을 경험했으면서도 "원래 다 그렇게 버텼다"라는 식의 반응을 보였습니다.

### J. 시사점

이 사례는 단순한 접대 요구가 아니라, 성별을 기반으로 한 권위주의 문화가 어떻게 개인의 자유와 존엄을 침해하는지를 보여 줍니다. "관행"이라는 이름으로 누군가의 불편과 상처가 묻혔고, 문제를 제기해도 "유난스럽다"라는 반응을 견뎌야 했습니다. 어떤 관행이든, 반복적으로 누군가를 불편하게 만든다면 그것은 더 이상 관행이 아니라 '문제'입니다. 성별을 불문하고 누구에게도 그런 역할이 강요되지 않는 조직이 되어야 합니다. 권력자의 즐거움을 위한다는 명목으로 직원에게 수치심을 느끼게 하는 일을 가볍게 생각해선 안 됩니다.

# VI

## 존중 없는 리더

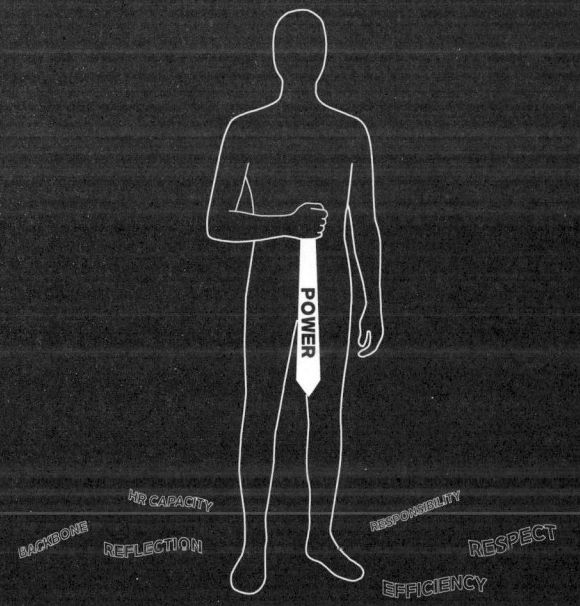

어떤 리더들은 직원이 마치 자신의 소유물인 것처럼 생각합니다. 직원의 모든 시간이 자신에게 속해 있다고 착각하기도 합니다. 심지어 직원을 회사의 부속품이나 사장 기분을 위한 '기쁨조'처럼 취급하는 사례도 있습니다. 직장은 누군가의 기분을 맞추기 위해 존재하지 않습니다. 직원은 접대부가 아니며, 일하러 온 사람입니다. 실제로 한때 '여성친화기업'으로 불리던 국내 항공사에서도 여직원을 사업주 전용 의전에 동원했다는 보도가 있었습니다[11].

하지만 직원도 '사람'입니다. 지치지 않으려면 휴식이 필요하고, 개인적인 이유로 조직을 비울 수도 있습니다. 24시간, 365일 내내 회사와 리더를 위해 존재할 수는 없습니다. 또한 직원은 사장님의 기분을 위한 장식품이 아닙니다. 사장님의 소유물은 더더욱 아닙니다. 직원의 시간은 직원의 것이고, 회사는 인건비로 이 시간을 빌려 쓰는 것입니다. 급여를 준다는 이유로 직원의 시간을 자신의 시간처럼 착각해도 안 되고, 직원이 마땅히 누려야 할 권리를 무시해도 안 됩니다.

조직이 존중받고 싶다면, 먼저 그 안의 '사람'을 존중해야 합니다. 직원도 사람이라는, 가장 기본적인 사실을 잊지 말아야 합니다.

### 그림자 30 휴가 가서도 5분 대기조로 일해.

"휴가 냈는데 노트북 가져가래요. 일 생기면 바로 대응하라고요. 자기도 휴가 가서 일했다고 하면서… 평소에도 말을 막 해요. 회사 일하다 아픈 사람들한테 성격 개조하라고 하고."(경험자, 여성)

---

11  JTBC News (2018.7.11.). "몸매 좋은 직원들이 박삼구 회장 전담 배웅" 과잉 의전 강요. 출처: news.jtbc.co.kr/article/NB11663711(검색일: 2024.12.8.)

휴가는 단순히 자리를 비우는 시간이 아닙니다. 바쁜 업무에서 벗어나 몸과 마음을 회복하는 소중한 시간이자, 다음 업무를 위해 다시 충전하는 시기입니다. 하지만 본 사례에서 리더는 휴가 기간에도 "노트북을 가져가라"며 혹시 있을 업무에 대비하라고 요구했습니다. 리더는 "나도 예전에는 그랬다"라는 이유로 후임에게 똑같은 태도를 강요했습니다. 하지만 엄연히 노동자의 쉴 권리, 워라밸, 건강권이 당연한 권리로 자리 잡고 있습니다. 그 권리는 노동자가 건강과 생산성을 유지하기 위해 반드시 보장되어야 합니다. 본인이 과거에 했던 '희생적인 일 처리 방식'을 후임에게까지 요구하는 것은 결코 적절하지 않습니다.

**A. 사례자:** 경험자/목격자

**B. 경험자:** 여성 다수, 30-50대, 여러 직급자 포함

**C. 리더:** 여성, 50-60대, 사용자

**D. 발생한 사건과 배경**

경험자들이 일하던 조직은 연말과 연초가 비교적 일이 한산한 시기여서, 많은 직원들이 이때 연차 휴가를 계획하곤 했습니다. 경험자도 가족과 해외여행을 계획하며 휴가를 신청했으나, 리더는 "노트북을 꼭 챙겨 가라"라고 지시했습니다. 휴가 중에도 일이 생기면 바로 대응해야 한다는 이유였습니다.

게다가 리더는 "나도 젊을 땐 휴가 가서도 일 생기면 노트북 꺼내서 바로 처리했다"라며 경험자에게도 똑같은 태도를 요구했습니다. 이는 단

순한 지시를 넘어, 자신의 과거 방식을 후임에게 강요한 것이었습니다. 또한 리더는 일반적인 초과근무 수준을 넘어 회사에서 아예 밤을 지새우며 죽도록 일하는 직원들만이 우수 직원인 것처럼 얘기하곤 했습니다. 그러다 직원이 건강을 잃으면 "성격을 개조해야 한다", "아픈 건 본인 책임이지 회사 책임은 아니다"라는 말로 그간 직원이 해 온 희생을 무시하곤 했습니다.

### E. 경험자(또는 경험자 가족)의 대응
리더의 직급이 높았기 때문에, 경험자들은 쉽게 문제를 제기할 수 없었습니다. 누구도 공식적으로 리더를 신고하지 못했습니다.

### F. 조직 내부의 대응
신고가 없었기 때문에 조직 차원의 대응도 없었습니다.

### G. 리더의 반응
리더의 부적절한 언행에 대해 일부 직원들이 조심스럽게 문제를 제기한 적은 있었지만, 리더는 자신의 행동을 전혀 고치려 하지 않았습니다. 그녀는 여전히 "일은 원래 그렇게 하는 것"이라는 태도를 고수했습니다.

### H. 경험자 및 주변인에게 남겨진 영향
경험자들은 '일을 너무 많이 하다 병이 난 동료들이 몇이나 되는지 보라'며, 리더의 일 방식이 조직 내에 부정적인 영향을 끼치고 있다고 지적했습니다. 하지만 경험자들의 감정과는 무관하게, 리더는 여전히 조직에서 일 잘하는 리더, 성과 중심의 리더로 평가받고 있었습니다. 이러한 현실은 경험자들에게 깊은 회의감을 안겨 주었습니다.

## I. 시사점

사례 속 리더는 직원이 '사람'이며 휴식이 필요한 존재임을 잊었습니다. 몸 바쳐 일하다가 건강을 상한 그들의 상황에 대해서도 공감 능력이 '0'이었습니다.

일과 건강 사이에서 휴식이 아닌 '대기'를 요구받는 구조, 그 안에서 오히려 건강을 탓하고 책임까지 전가당하는 조직문화는 단순히 한 사람의 문제만으로는 설명되지 않습니다. 경험자들이 말하지 못한 수많은 순간이 있었고, 그 침묵이 조직 내에서 어떤 위계를 만들어 왔는지를 돌아봐야 합니다.

### 그림자 31 너네 할머니 죽는 게 나랑 무슨 상관인데?

"할머니가 위독하시다고 연락이 왔어요. 저 많이 사랑해 주셨는데. 연차 내고 가려는 데 (리더)가 못 가게 했어요. 너네 할머니 죽는 게 나랑 무슨 상관이냐, 부모님이 죽어도 일이 먼저다…."(경험자, 여성)

가족 중 누군가가 위독하다는 소식을 듣고 곁을 지키고 싶은 마음은 너무나 자연스러운 감정입니다. 특히 어릴 적부터 자신을 아껴 주고 사랑해 주신 조부모님이라면, 그 마지막 순간을 함께하고 싶다는 마음은 당연합니다. 하지만 본 사례의 리더는 그 당연한 요청조차 무시했을 뿐 아니라, 인간으로서 해서는 안 될 말을 남기며 경험자에게 깊은 상처를 남겼습니다.

A. **사례자:** 경험자/목격자

B. **경험자:** 여성, 30대, 평사원

C. **리더:** 남성, 40대, 부서장

D. **발생한 사건과 배경**

경험자의 할머니는 몇 년 전부터 병환을 앓고 계셨고, 경험자는 업무 강도가 높은 부서에서 일하고 있었습니다. 부서의 리더는 일관성 없이 지시를 바꾸거나 뒤엎는 스타일이었고, 때문에 주말까지 일해야 하는 상황도 잦았습니다.

그런 바쁜 일상 속에서 경험자는 할머니를 자주 찾아뵙지 못했고, 안부 전화만 드리는 게 고작이었습니다. 그러던 어느 날, 할머니의 임종이 임박했다는 연락을 받자, 경험자는 곧바로 연차를 신청했습니다. 하지만 리더는 "지금 일이 바쁜데 어딜 가느냐"라며 승인하지 않았습니다. 경험자가 상황을 설명하며 간곡히 부탁했으나, 리더는 "너네 할머니 죽는 게 나랑 무슨 상관이냐", "부모가 죽어도 일이 먼저"라고 말했습니다. 경험자는 더 윗선의 상급 부서장을 찾아갔습니다. 그는 상황을 이해하고 직접 리더에게 전화를 걸어 연차를 승인하라고 지시했습니다. 덕분에 경험자는 할머니의 마지막 순간을 지킬 수 있었습니다. 하지만 이 일로 리더의 마음에 앙금이 남았고, 경험자가 복귀한 이후부터 보복성 부당 지시가 시작됐습니다.

얼마 뒤 리더의 어머니가 병원에 입원하자 리더는 휴가 신청도 없이 자리를 비웠습니다. 복귀 후에도 그의 부재로 인해 부서원 전체의 일이

지체되고 문제가 생긴 점에 대해 전혀 사과하지 않았습니다. 경험자는 그 이중적인 태도에 기가 막혔다고 했습니다.

**E. 경험자(또는 경험자 가족)의 대응**
경험자는 리더의 괴롭힘과 무단결근 사실을 사측에 신고했습니다.

**F. 조직 내부의 대응**
사측은 조사를 진행했습니다. 하지만 리더가 "업무가 매우 바쁜 시기였기 때문에 어쩔 수 없었다"라는 주장을 받아들여, 직장 내 괴롭힘으로 판단하지 않았습니다. 리더가 공식적인 휴가 신청 없이 자리를 비운 점에 대해서만 경고 조치를 내렸습니다. 경험자가 요청한 부서 이동은 "괴롭힘으로 인정되지 않았기 때문에 분리 조치 의무가 없다"라는 이유로 거절되었습니다.

**G. 리더의 반응**
리더는 이후 경험자와 같은 공간에 있어도 경험자를 '없는 사람'처럼 대했으며, 경험자가 자리를 비운 사이 "이상한 애한테 잘못 걸려서"라는 험담을 동료들에게 퍼뜨렸습니다. 그해 리더는 경험자에게 최하의 근무 평가 점수를 부여했고, 경험자가 이의를 제기했으나 "평가는 리더의 재량"이라는 답변만 돌아왔습니다.

**H. 경험자 및 주변인에게 남겨진 영향**
경험자뿐 아니라 그녀의 동료들 역시 리더의 언행에 고통을 받고 있었으나, 리더가 무혐의로 결론 나자 "신고해도 바뀌지 않는다"라는 체념에 빠졌습니다. 경험자가 함께 재신고하자고 제안했지만, 아무도 응하지 않았고, 동료들마저 경험자를 피하기 시작했습니다.

경험자는 부서 안에서 철저히 고립되었고, 부서 밖에서는 리더와 친한 선임들이 퍼뜨리는 부정적인 소문에 시달렸습니다. 경험자는 퇴사를 선택했습니다. 사직서에는 직장 내 괴롭힘과 2차 가해를 사유로 기재했지만, 사측은 "권고사직으로 처리해 주겠다"라며 사유를 정정하라고 요구했습니다. 법령을 잘 알지 못했던 경험자는 실업급여라도 받자는 생각에 사측의 요구를 수용했지만, 그로 인해 자신이 허위 신고자로 오해받을까 두려워졌다고 했습니다.

퇴사 후, 경험자는 이전 직장 동료들에게조차 연락하기 어렵게 되었고, 괴롭힘보다 더 아픈 것은 "내가 누구에게도 이해받지 못한다"라는 감각이었다고 말했습니다.

## I. 시사점

이 사례는 단순히 '폭언'이나 '비정한 태도'에 그치지 않습니다. 권력자가 조직 내에서 직원이 사람으로서 마땅히 느끼는 감정을 어떻게 짓밟을 수 있는지를 보여 주는 사례입니다. 인간으로서의 존엄, 감정, 슬픔을 이해하지 못한 리더의 언행과 방조한 조직이 한 사람의 삶을 어떻게 흔들 수 있는지를 되짚어 보게 합니다.

인간의 존엄은 조직의 편의보다 앞서야 합니다. 직원 한 사람의 고통을 대수롭지 않게 넘기는 문화는 조직 자체를 병들게 만듭니다. 가족의 임종, 건강 문제, 개인의 삶처럼 누구나 맞닥뜨릴 수 있는 인간적인 순간에 조직이 어떻게 반응하느냐가 그 조직의 품격을 결정합니다. SPC사가 빵을 제조하는 공장에서 사망한 직원의 장례식장에 빵을 지원했던 행각이 국민의 공분을 샀던 점을 생각해 볼 필요가 있습니다.

### 그림자 32 한번 같이 일했으면 내 사람이지.

"*(리더와) 9개월 정도 같이 일했어요. 좀 많이 힘들었고요. … (퇴사했다가 이전 직장에서 다른 상사가 인력 모집 중인 것을 알게 되었고, 함께 일하기로 한 상황) (리더에게서) 연락이 왔어요. 내 사람이 나랑 같이 일해야지, 왜 다른 사람하고 일하려는 거냐고.*"(경험자, 여성)

직원은 리더의 소유물이 아닙니다. 조직에서의 관계는 계약 기반입니다. 계약이 끝났다면 직원은 자유롭게 다른 선택을 할 수 있어야 하며, 리더는 이를 방해해서는 안 됩니다. 그러나 일부 리더들은 함께 일했다는 이유만으로 계약이 종료된 직원의 이후 행보까지 통제하려 듭니다. 이는 명백한 권한 남용이며 갑질에 해당할 수 있습니다.

**A. 사례자:** 경험자와 주변인이 함께 제보한 사례였습니다.

**B. 경험자/주변인:** 여성, 20대/여성, 30대, 평사원

**C. 리더:** 남성, 30대, 부서장

**D. 발생한 사건과 배경**

경험자는 약 9개월간 리더와 함께 일했습니다. 리더는 일정을 제대로 관리하지 않아 자주 퇴근 직전에 급히 업무를 지시했고, 경험자는 반복적인 야근에 시달렸습니다. 계약 종료 후, 경험자는 다른 관리자로부터

제안을 받아 함께 일하기로 했으나, 전 리더가 연락해 "내 사람인데 왜 남이랑 일하느냐"라며 압박했습니다.

경험자는 부담을 느꼈고 새로운 관리자에게 사정을 설명하며 리더와 다시 일해야 할 거 같다고 설명했습니다. 다행히 그가 상황을 이해해 줬고, 리더의 권한 남용에 대해 함께 분개해 줬습니다. 그는 경험자에게 다른 계약직 자리를 제안했습니다. 계약 조건도, 급여 수준도 리더가 약속하는 것보다 훨씬 월등한 수준이었습니다. 경험자가 제안받은 자리를 확인하자 리더는 자신은 그만큼 해 줄 수 없다며 경험자에 대한 소유욕을 내려놨습니다.

### E. 경험자(또는 경험자 가족)의 대응

경험자는 당시 리더의 행동이 부당하다는 점은 분명히 인식하고 있었지만, 이것이 직장 내 괴롭힘에 해당한다는 인식은 없었습니다.

### F. 조직 내부의 대응

경험자가 공식적으로 신고하지 않았기 때문에 조직 차원에서의 대응은 없었습니다. 오히려 사측은 리더를 실적이 좋은 우수 직원으로만 인식하고 있었고, 그의 높은 성과와 평가 뒤에 숨어 있는 직원에 대한 착취 가능성은 전혀 주목받지 못했습니다.

### G. 리더의 반응

경험자가 신고하지 않았기 때문에, 리더 역시 별다른 반응을 보이지 않았습니다.

### H. 경험자 및 주변인에게 남겨진 영향

경험자는 다행히도 비교적 빠르게 리더의 영향력에서 벗어나 더 나은 자리를 찾을 수 있었고, 장기적으로 큰 피해는 없었습니다. 하지만 이 사례를 함께 제보한 주변인은, 이후에도 리더와 함께 일했던 다른 동료들 역시 유사한 어려움을 겪는 모습을 목격했다고 전했습니다. 이 문제는 리더가 조직을 떠난 이후에야 완전히 마무리될 수 있었습니다.

### I. 시사점

이 사례를 통해 확인할 수 있는 중요한 점은, 리더가 경험자의 능력을 인정하면서도 정당한 보상이나 처우는 제공하지 않았다는 것입니다. 오히려 계속 낮은 대우만 제안하며 경험자를 붙잡아 두려 했습니다. 한번 같이 일했으니 자기 사람이라는 헛된 주장을 하면서 말입니다.

반면, 새로운 리더는 그 능력에 상응하는 자리를 마련해 경험자를 존중했습니다. 이는 리더로서의 역량 차이이자, 직원을 대하는 태도의 차이로 볼 수 있습니다. 직원이 어떤 리더와 함께 일하기를 희망할지는 굳이 더 설명할 필요가 없을 것입니다.

**그림자 33** 자기 업무 얼마나 잘 이해했는지 설명해 봐.

*"매일 월요일 아침마다 불러서 물으셨어요. 지금 업무에 대해서 얼마나 제대로 이해하고 있는지. 어떻게 진행하고 있는지. … 일을 할 줄 알고 하고는 있어도 그걸 말로 잘 설명하는 게 쉽진 않잖아요. 그런데 설명 못 하면 일도 제대로 못 하냐고."(경험자, 20대)*

리더의 업무 진행 상황 점검이 때로는 상식적인 점검이 아닌, 압박일 때가 있습니다. 리더는 매주 월요일 아침이면 정해진 듯 직원들을 자신의 사무실로 호출했습니다. 그러고는 지금 무슨 일을 맡고 있는지, 어떻게 진행하고 있는지, 정확히 알고 있는지를 따져 묻듯 질문했습니다. 질문에 바로바로 대답하지 못하면 꾸지람이 이어졌습니다.

**A. 사례자:** 경험자/목격자

**B. 경험자:** 여성, 20대, 평사원

**C. 리더:** 남성, 4-50대, 부서장

**D. 발생한 사건과 배경**

경험자는 첫 직장에서 바로 이 리더를 만나게 되었습니다. 리더는 매주 월요일마다 경험자와 동료들을 불러 "지금 무슨 업무를 하고 있는지, 어떻게 진행하고 있는지"를 즉석에서 설명하라고 했습니다. 말로 풀어 설명하는 것은 또 다른 능력인데도, 리더는 답변이 매끄럽지 못하면 "일도 제대로 못 한다"라며 꾸짖었습니다. 특히 리더는 구체적인 피드백은 주지 않으면서, "스스로 답을 찾아라"라는 식으로 직원들을 몰아세웠고, 이는 교육이 아니라 방치나 폭압에 가까웠습니다. 경험자뿐 아니라 다른 동료들도 리더 앞에서는 몸이 굳고 긴장하게 되었으며, 그 결과 위통이나 두통을 호소하는 직원도 생겼습니다. 경험자는 계약 기간 만료 후 연장을 거부하고 조직을 떠났습니다. 떠나기 전, 리더와 일하던 다른 후배가 얼마 견디지 못하고 퇴사하자, 리더가 그의 이직마저 방해했다는 과거의 전적까지 듣게 되면서 큰 충격을 받았습니다.

### E. 경험자(또는 경험자 가족)의 대응
경험자는 리더의 방식이 지나치다고 느끼고, 직장 내 괴롭힘일 수 있다는 생각도 했습니다. 그러나 막강한 권한을 가진 리더 앞에서 문제를 제기하는 것이 두려웠고, 신고하지 못했습니다.

### F. 조직 내부의 대응
공식적인 신고가 없었기 때문에, 조직 내부에서는 별도의 대응이 이루어지지 않았습니다.

### G. 리더의 반응
신고가 없었기 때문에, 리더 본인의 반응도 확인되지 않았습니다.

### H. 경험자 및 주변인에게 남겨진 영향
경험자는 계약 기간이 끝나자마자 조직을 떠났습니다. 리더는 계약을 연장하자고 제안했지만, 경험자는 더 이상 그 밑에서 일할 수 없다고 느꼈습니다. 더 이상 '정신적으로 버틸 수 없겠다'는 생각이 들었고, 부모님이 고향에서 일하기를 원한다는 핑계를 들어 조직을 떠났습니다. 경험자는 그곳을 떠날 수 있었던 것 자체가 정말 다행이라고 말했습니다. 리더와는 얼굴조차 마주치고 싶지 않아서 아예 다른 지역으로 직장을 옮겼습니다. 새로운 직장에서 좋은 상사를 만나, 다행히 조금씩 마음의 안정을 되찾고 있습니다.

### I. 시사점

리더의 질문은 피드백을 위한 것이어야 합니다. 리더는 당연히 직원이 자신의 업무와 역할을 충분히 이해하고 있는지를 확인해야 합니다. 하지만 그 과정이 지나쳐 점검보다는 '압박'에 가까워지면 오히려 직원은 위축되고 두려움을 느낄 수 있습니다. 정당한 관리 행위와 과도하고 상식적이지 않은 관리 행위, 둘의 차이가 무엇인지 생각해 볼 필요가 있음을 보여 줍니다.

### 그림자 34 (주말에도, 새벽에도) ○○ 좀 해 줘.

"잠도 잘 수가 없었어요. 또 언제 연락할지 몰라서. … 카톡 알림만 봐도 심장이 내려앉는 거 같고. (경험자, 여성)"

근무 시간이 끝난 뒤에도, 주말과 새벽에도 끝없이 이어지는 업무 지시는 '연락 한 번쯤이야'라는 말로 가볍게 치부될 수 없습니다. 본 사례의 경험자는 이런 연락이 반복되면서 불면과 극심한 불안을 겪었고, 정신과 치료까지 받게 되었습니다. 리더는 경험자가 힘들어한다는 사실을 알면서도, 왜 그것이 문제인지 전혀 이해하지 못했습니다. 그것이 오히려 경험자에게 더 깊은 고통이 되었습니다.

A. **사례자:** 경험자/목격자

B. **경험자:** 여성, 30대, 평사원

C. **리더:** 여성, 50대, 사용자

## D. 발생한 사건과 배경

이 사례의 경험자는 입사 초기부터 리더의 업무 지시 방식에 부담을 느꼈습니다. 리더는 새벽이나 주말에도 업무 지시를 카카오톡으로 보내왔습니다. 처음에는 참고 넘기려 했지만, 리더가 지시하는 일들은 대부분 긴급하지도 않았고, 미리 챙길 수도 있는 업무였습니다.

리더의 즉흥적인 연락은 직원이 모든 부담을 떠안도록 만들었고, 알림을 꺼두면 지시를 늦게 확인했다며 질책이 이어졌습니다. 경험자는 카톡 알림에 극도의 공포를 느끼게 되었고, 심장이 철렁 내려앉는 불안 속에서 잠을 이루지 못하는 날들이 계속됐습니다. 정신과 치료를 받게 되었고, 불면증과 신경쇠약 증세로 힘들어졌습니다.

## E. 경험자(또는 경험자 가족)의 대응

경험자는 카톡으로 주고받은 업무 지시 내용을 캡처하여 정식으로 회사에 신고했습니다.

## F. 조직 내부의 대응

회사는 이 사안을 검토한 끝에, 직장 내 괴롭힘에 해당한다고 판단했습니다. 리더에게는 경고 조치를 내렸고, 경험자가 원했던 분리 조치도 시행했습니다. 다만 경험자는 리더의 이동을 요청했지만, 회사 측은 "리더가 부서장이라 이동이 어렵다"라는 이유로 경험자만 다른 부서로 이동시켰습니다. 경험자의 의사를 최대한 반영했다고 보기 어려운 결정이었습니다.

### G. 리더의 반응

리더는 자신이 받은 경고 조치에 대해 억울함을 호소했습니다. 오히려 경험자를 "문제 있는 애"라고 지칭하며, 이전 부서원들 앞에서 험담했습니다. 심지어 리더와 가까운 상급자들 중에는 그녀의 말을 그대로 믿고, 경험자가 허위로 신고한 것이라고 오해하는 경우도 있었습니다. 경험자는 이런 2차 피해에 대해서도 회사에 다시 신고했습니다. 그러나 회사는 "직접적인 언행이 없었기 때문에 2차 가해로 보기 어렵다"라며 신고를 무마했습니다.

### H. 경험자 및 주변인에게 남겨진 영향

부서 이동 이후, 경험자는 리더와는 직접적으로 접촉하지 않게 되었습니다. 하지만 새로 옮긴 부서에서 또 다른 어려움을 겪고 있습니다. 새로운 부서장은 경험자에 대해 곱지 않은 시선을 보였고, 점점 더 노골적으로 경험자를 비꼬며 조롱하고 있습니다. 주변 동료들조차 경험자와 거리를 두는 듯하여 경험자는 점점 더 조직 내에서 고립감을 느끼고 있습니다.

### I. 시사점

직장 내 권한을 갖고 있는 사람일수록 자신의 행동이 누군가에게 어떤 영향을 미칠 수 있는지를 돌아보아야 합니다. 사례 속의 리더는 직원의 개인 시간에 대한 존중이 전혀 없는 사람이었습니다. 시간을 가리지 않고 하는 연락이 직원에게 얼마나 스트레스가 되는지도 생각하지 않는 사람이기도 했습니다.

또한 이 사례는 단지 한 사람의 부당한 지시 때문만이 아니라, 문제를 제기한 사람을 '문제 있는 사람'으로 여기는 조직문화가 복합적으로 얽혀 만들어 낸 구조적인 문제를 보여 주기도 합니다. 이런 조직문화 속에서 문제적 리더는 더욱 쉽게 활개 치고, 피해자들은 침묵하게 됩니다.

### 그림자 35 퇴근했어도 다시 출근해.

"(초과근무를 하다가) 9시쯤 퇴근해서 집에 왔어요. 10시 다 되었는데 (리더)가 전화를 하는 거죠. 다시 사무실로 오라고."(경험자, 여성)

퇴근 후의 시간은 온전히 개인의 삶이어야 합니다. 특히 이미 초과근무를 마치고 귀가한 직원에게 다시 출근하라는 지시는 지극히 무례한 행동일 뿐만 아니라, 권한 남용이고 직원의 건강과 삶을 침해하는 일입니다. 본 사례는 리더의 즉흥적이고 무책임한 관리가 어떻게 한 사람을 무너뜨리는지를 적나라하게 보여 줍니다.

**A. 사례자:** 경험자/목격자

**B. 경험자:** 여성, 20대, 평사원

**C. 리더:** 남성, 50대, 부서장

**D. 발생한 사건과 배경**

경험자는 입사 후 곧바로 리더와 같은 부서에 배정되었습니다. 리더는 출근도 불규칙하고, 즉흥적이고 일관성 없는 업무 스타일로 직원들을 힘들게 했습니다. 업무 지시는 늘 퇴근 무렵에 이루어졌고, 직원들은 매일 같이 초과근무에 시달렸습니다.

어느 날은 경험자가 밤 9시까지 근무 후 겨우 집에 돌아왔는데, 리더가 밤 10시에 전화를 걸어 다시 사무실로 오라고 지시했습니다. 급한 일도 아니었고, 단순히 리더가 깜빡했던 업무를 떠올린 것이 이유였습니다. 이런 방식으로 무리한 요구가 반복되면서 경험자는 건강을 크게 해쳤고, 갑상선 질환과 이석증까지 발병했습니다. 병원 진료를 위해 휴가를 내려고 했지만, 리더는 "거짓말하지 마라"라며 막았고, 나중에 건강검진에서 이상 소견이 확인되자 그제야 휴가를 승인했습니다.

### E. 경험자(또는 경험자 가족)의 대응

경험자는 리더의 행동으로 인한 고충을 사내 옴부즈맨에게 상담했습니다.

### F. 조직 내부의 대응

경험자는 신고 당시 옴부즈맨이 어떤 사람인지 잘 알지 못했습니다. 공교롭게도 그 옴부즈맨은 리더와 매우 가까운 사이였습니다. 옴부즈맨은 경험자에게 "사장님과 이야기해 보겠다"라고 말했으나, 사측의 대응은 리더를 보호하는 것이었습니다. 리더는 조직 내에서 강력한 영향력을 가진 데다, 매년 수십억 원 규모의 계약을 성사시키는 사람이었습니다. 사장은 그 점을 경험자에게 강조하며, 조용히 사건을 정리하자고 압력을 가했습니다. 경험자는 공론화가 어렵다는 사실을 받아들이고, 부서 이동에 동의할 수밖에 없었습니다.

## G. 리더의 반응

리더는 부서에서 이동한 경험자에 대해 '배신자'라 표현했습니다. 아끼고 키워 주려 했는데, 경험자가 자신을 배신하고 떠났다는 것이 그의 주장이었습니다. 리더와 가까운 다른 선임들도 여기에 동조했습니다. 어떤 여성 선임은 경험자의 사무실에 직접 찾아와, "너 때문에 조직 분위기가 흐려졌다"라며 대놓고 비난하기도 했습니다.

## H. 경험자 및 주변인에게 남겨진 영향

경험자는 이 모든 일을 신입 시절에 겪었습니다. 조직이 자신을 보호하지 않는다는 현실을 너무 이른 시기에 깨달았고, 그로 인해 좌절감을 경험했습니다. 리더와 주변 선임들의 2차 가해는 경험자의 정신을 더욱 옥죄었고, 자살을 생각할 만큼 극단적인 상황으로 치닫기도 했습니다. 이직을 고려했으나 리더가 외부 인맥을 통해 경험자에 대한 소문을 퍼뜨리고 다닌다는 소식을 듣고 마음을 접어야 했습니다. 경험자는 지금도 조직에 남아 있지만, 조직에 대한 애착과 신뢰는 사라진 지 오래입니다. 이후에도 이 리더는 다른 피해자로부터 4-5차례나 더 신고를 당했지만, 조직은 끝내 그를 보호했습니다. 조직의 관심은 다른 신고인들에게 옮겨 갔고, 경험자는 '조용히 넘어간 사람'으로 더 이상 주목받지 않게 되었습니다.

## I. 시사점

본 사례에서 드러나는 문제의 핵심은 분명합니다. 리더는 경험자의 개인 시간을 반복적으로 침해했고, 비효율적인 업무 방식으로 직원들을 지치게 했습니다. 본 사례의 경험자뿐만 아니라 다른 직원들로부터도 여러 차례 신고당한 점을 고려할 때, 직장 내 괴롭힘도 심각한 수준이었을 것으로 짐작됩니다. 그럼에도 불구하고 리더는 단 한 번도 그의 행동에 대한 대가를 치른 적이 없었습니다. 조직의 보호는 권력을 가진 사람에게만 적용되었고 정당한 문제 제기를 한 사람은 외면당했습니다.

# VII

## 양심 없는 리더

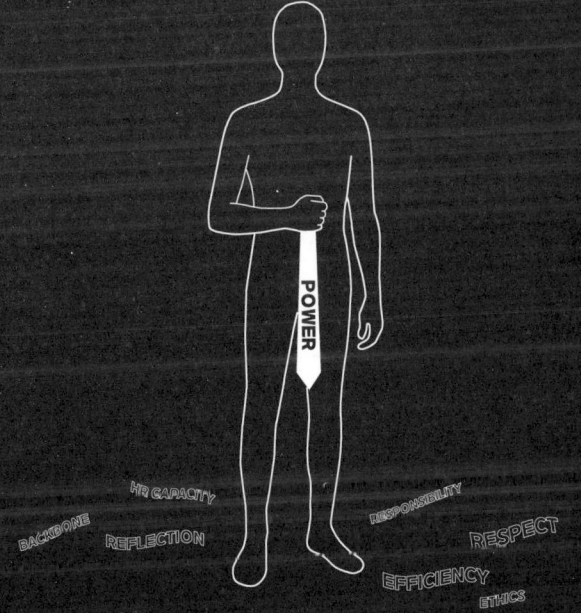

조직에 대한 신뢰가 깨지는 순간은 여러 사례가 있을 수 있습니다. 그 중 대표적이면서도 우리나라에서 흔한 경우는 누군가의 노력과 성과가 다른 사람의 이름으로 포장되어 올라가는 상황을 마주했을 때입니다. 일 잘하는 직원의 역량을 착취하면서, 발목을 잡는 리더는 꽤 흔합니다. 그들은 높은 평가를 받은 직원이 더 좋은 자리로 옮기려 하거나, 사내 다른 부서로 이동을 희망할 때, "지금은 팀에 네가 꼭 필요하다", "너 없으면 프로젝트가 안 돌아간다"라는 말을 하며 자기 곁에 머무르도록 요구합니다. 정작 부서 밖에서는 "아직 많이 부족하다"라는 말로 그 직원에 대한 평가에 영향을 주기도 합니다.

이렇듯 리더가 직원의 성장을 막는 이유는 간단합니다. 그 직원이 곁에 있어야 계속 일을 떠넘기고, 성과를 착취하기 쉽기 때문입니다. 이렇게 직원의 역량을 착취했으면서, 문제가 발생하면 그 직원의 책임으로 떠넘깁니다. "나는 시켰을 뿐이고, 판단은 네가 했잖아", "보고가 부실해서 그랬던 것 같다"라는 말로 선을 긋습니다.

양심과 윤리의식은 인간으로서 가져야 할 필수적이고 기본적인 덕목입니다만, 그조차 갖추지 못한 리더를 우리는 주변에서 쉽게 목격합니다. 그런 사람이 리더의 자리가 될 수 있도록 조직이 방조하기 때문입니다. 조직은 사람이 만드는 곳입니다. 성과를 훔치고, 성장의 기회를 가로막고, 책임을 떠넘기며 만들어진 조직은 한계가 있습니다. 겉으로 단단해 보여도, 그 안의 기초는 허술하기 짝이 없을 테니까요.

### 그림자 36 (논문 쓴 너는) 마지막 저자야.

"주제 선정부터 문헌 조사, 본문 초안, 수정, 표와 그래프 정리까지 다 했어요. … 막상 논문 내려고 하니까 자기는 제1 저자고, 저는 마지막

저자로 넣으래요. 논문 쓰는 거 참여 한 번 안 한 사람이 교신저자로 들어가고요."(경험자, 여성)

조직 안에서 실적은 곧 영향력입니다. 누가 어떤 성과를 냈는지, 누가 이름을 올렸는지, 보고서의 첫 줄에 적힌 이름과 공식 기록은 리더십 평가에도 직접적인 영향을 미칩니다. 그런데 때때로 일은 하지 않으면서 누군가의 실적을 약탈하여 성과를 쌓는 사람도 있습니다. 이 사례는 그런 성과 구조 속에서 누가 허위로 기여자가 되고, 누구의 기여가 사라지는지를 보여 주는 이야기입니다.

**A. 사례자:** 경험자/목격자

**B. 경험자:** 20-30대 여성과 남성, 비정규직 연구 인력

**C. 리더:** 40대 여성, 정규직 프로젝트 리더

**D. 발생한 사건과 배경**
경험자들은 특정 연구 프로젝트를 위해 채용된 비정규직 연구원들이었습니다. 리더는 이들에게 연구 주제를 여러 개 제시하라고 했고, 그중 몇 개를 고른 뒤 논문을 작성하도록 지시했습니다. 경험자들은 주제 선정부터 문헌 조사, 본문 초안 작성, 표와 그래프 정리와 결론 작성까지 전체적인 논문 집필을 담당했습니다. 간혹 리더가 피드백을 줄 때도 있긴 했으나 드문 데다 간단한 의견을 주는 것에 그쳤고, 직접 작성한 사람은 경험자들뿐이었습니다.

하지만 막상 논문이 제출될 때 제1 저자는 항상 리더였고, 실제 집필을 담당한 경험자들의 이름은 늘 공동 저자 명단 맨 마지막에 올라가 있었습니다. 리더가 논문 집필 과정에 깊이 관여한 적은 거의 없었음에도 불구하고, 논문 실적은 모두 리더의 성과로 귀속되었습니다.

### E. 경험자의 대응

경험자들은 조직 구조상 문제 제기를 하기가 어려웠습니다. 그들은 계약직이었고, 리더는 정규직이자 평가 권한을 가진 상급자였기 때문입니다. "여기가 원래 그렇다", "그냥 익숙해지라"라는 주변의 반응도 문제였습니다. 국내 저널 중 석사학위만 소지한 사람의 단독 논문을 받아주는 곳이 드물어 반드시 박사학위를 가진 사람의 이름을 넣어야 한다는 점도 그들의 권리 주장을 어렵게 했습니다. 반드시 박사학위 소지자를 한 명 이상은 넣어야 했고, 지도 교수나 선배, 누구를 선택해도 경험자들의 이름이 뒤로 밀리는 건 마찬가지였습니다. 그 때문에 경험자들은 차라리 월급을 주는 리더의 이름을 넣는 게 낫겠다고 생각했습니다.

### F. 조직 내부의 대응

논문 기여도에 대한 공식 기준이나 내부 규정은 있었지만, 실제로는 리더의 재량과 판단에 따라 기여 순서가 정해지는 관행이 정착되어 있었습니다. 조직은 리더가 쌓은 논문 수를 그대로 실적으로 평가했고, 논문에 기여한 실제 인력이 누구인지는 관심을 두지 않았습니다.

### G. 리더의 반응

리더는 논문 제1 저자로 본인의 이름이 들어가는 것이 자연스럽다고 생각했습니다. 프로젝트를 따 왔고, 전체를 관리했으니 논문도 본인의 당연히 본인의 실적이라는 입장이었습니다. 기여도에 대한 문제 제기에는 "다 팀의 이름으로 가는 거다"라는 말로 대응했습니다. 리더 본인이나, 논문에 이름을 넣어 주라고 지시한 사람들 대부분이 실제로 논문을 집필하지 않았다는 사실에 대해서는 언급하지 않았습니다.

### H. 경험자 및 주변인에게 남겨진 영향

경험자들은 박탈감을 느꼈습니다. 한 편의 논문을 쓸 때마다 실적은 늘 다른 사람의 것이 되었고, 자신의 기여는 축소되어 버렸습니다. 성실하게 기여할 동기조차 생기지 않았고, '열심히 해 봤자 내 것이 안 된다'는 인식은 자존감과 직무 만족도를 모두 갉아먹었습니다. 다른 동료들도 알고 있었지만 침묵하는 분위기였습니다.

### I. 시사점

이 사례는 조직 내에서 성과가 어떻게 왜곡되고, 누군가의 기여가 어떻게 소외되는지를 보여 줍니다. 논문이라는 결과물을 단독으로 낼 수 없는 학사나 석사학위 소지자들은 팀의 이름으로 논문을 내야 합니다. 그 안에서 리더가 기여도를 재편하고 순서를 조정할 수 있는 권한이 있다는 점을 악용할 경우, 조직은 성과를 축적한 사람이 아니라, 성과를 가로챈 사람이 보상받는 구조가 됩니다. 성과를 나눈다는 명분 아래 독식하는 리더는 스스로는 많은 실적을 쌓았다고 생각할지 모르지만, 그 과정에서 동료의 기회, 후배의 성장, 팀의 신뢰를 하나씩 무너뜨립니다. 신뢰가 사라진 조직은 미래를 기대하기 어렵습니다.

**그림자 37** 생각은 네가 하고, 실적은 내가 챙기고.

"회사에서 처음으로 저한테 직접 기획안을 만들어 보라고 해서 진짜 열심히 했어요. … 멘토셨던 분한테 검토를 부탁드렸어요. 그런데 며칠 뒤에 보니까, 제 기획안을 본인 이름으로 보고하신 거죠. 저는 기한을 넘도록 기획안 하나 못 냈다고 혼났고요."(경험자, 남성)

의욕 있는 신입 직원은 인정받고 싶다는 마음으로 일을 시작합니다. 주어진 과업에 최선을 다하고, 익숙하지 않은 업무 앞에서도 배우려는 자세를 가집니다. 그래서 때로는 '도움받고 싶다'는 마음으로 멘토나 선배에게 의견을 묻기도 합니다. 하지만 그런 의욕과 신뢰를 자신의 이익을 위해 이용하는 사람들도 있습니다. 이 사례는 신입 직원의 아이디어와 노력이 어떻게 리더의 성과로 둔갑했는지를 보여 주는 이야기입니다.

**A. 사례자:** 경험자/목격자

**B. 경험자:** 20대 후반, 남성, 신입

**C. 리더:** 30대 후반, 대리급, 경험자의 멘토 역할을 담당한 직속 상급자

**D. 발생한 사건과 배경**

이 사례의 경험자는 입사하자마자 새로운 기획안을 직접 작성해 보라는 지시를 받았습니다. 신입으로서 처음 맡은 큰 과제였기에, 경험자는 시장 사례를 조사하고, 데이터를 수집하고, 자신만의 아이디어를 정리하면서 최선을 다해 기획안을 준비했습니다. 경험자는 멘토인 리더

에게 초안을 검토해 달라고 부탁했습니다. 리더는 "며칠 뒤 같이 보자"라며 미뤘고, 경험자는 리더가 바쁘다고 생각하며 기다렸습니다. 그러다 마감일이 되었고, 경험자는 나름 수정한 기획서를 제출했습니다. 그 후, 리더가 이미 경험자의 기획을 수정하여 자신의 이름으로 보고했음을 알게 되었습니다. 아이디어가 겹치는 걸 부서장이 의아해하자, 리더는 "(경험자가) 아직 부족해서"라며 마치 그가 자기 아이디어를 베꼈다는 뉘앙스의 말을 하기도 했습니다.

### E. 경험자의 대응
경험자는 내부적으로 따로 문제 제기를 하지 못했습니다. 신입사원이라는 위치, 평가에 대한 부담, 조직 내 '조용히 지나가는 게 낫다'는 분위기 때문에 그저 침묵하는 선택을 할 수밖에 없었습니다. 기획안이 상부에 보고된 이후, 해당 아이디어에 대한 논의가 본격화되었지만, 그 과정에서 경험자는 계속 배제되었습니다.

### F. 조직 내부의 대응
조직 차원에서는 리더의 보고 내용만을 바탕으로 상황을 판단했고, 기획안의 출처나 기여도를 따로 확인하는 과정은 없었습니다. 회사 내에는 아이디어의 저작권이나 기여도를 명확히 보장하는 기준이 없었고, 누가 발표했는지가 곧 '성과의 주인'으로 인식되는 분위기였습니다.

### G. 리더의 반응
리더는 초안을 작성한 것이 경험자라는 사실을 언급하지 않았고, 경험자와 따로 대화도 하지 않았습니다. 또한 이후에도 비슷한 방식으로 후배들의 아이디어나 조사 내용을 도용하여 자신의 실적을 채우는 행각을 반복했습니다.

### H. 경험자 및 주변인에게 남겨진 영향

경험자는 무력감을 느꼈습니다. 열심히 하면 보상받을 수 있을 것이라는 기대는 무너졌고, 신입으로서 가졌던 의욕과 열의 역시 훼손되었습니다. 이후에는 어떤 과업이 주어져도 혼자 조용히 처리하려 했고, 누구에게도 먼저 공유하거나 피드백을 요청하지 않게 되었습니다. 동료들도 이 상황을 알고 있었지만, '괜히 문제 만들지 말자'는 분위기로 입을 닫았습니다.

다만 부서원들 사이에서는 리더에게 "기획안 보여 주지 마라, 다 자기 것처럼 보고한다"라는 말이 돌기 시작했습니다.

### I. 시사점

이 사례는 성과의 주인이 누구인지가 흐려질 때, 직원에게 어떤 상처가 남는지를 보여 줍니다. 리더라면 후배의 아이디어를 잘 다듬어 주는 사람이 되어야지, 그 아이디어를 자신의 이름으로 삼켜 버리는 사람이 되어서는 안 됩니다. 조직 역시 실제로 그 성과가 누구의 생각에서 시작되었고, 누가 손을 움직였는지를 살필 수 있어야 합니다. 공정성이 사라진 조직에서 열심히 일해 줄 직원은 없습니다.

### 그림자 38 힘들게 사는 상사한테 그것도 못 해 줘?

"판매 실적에 따라 수당이 붙는 식이에요. … 막상 월급 입금된 거 보니까 제가 생각한 것보다 너무 적은 거예요. 처음엔 시스템 오류인 줄 알았어요. … 지점장이 몰래 제 실적을 자기 이름으로 바꾼 거였어요. 저 말고 다른 직원 것도."(경험자, 여성)

성과급이 있는 조직이라면 당연히 직원이 열심히 일한 만큼 눈에 보이는 보상이 따라야 합니다. 특히 도·소매업처럼 실적이 명확히 수치로 환산되는 현장에서는 고객 한 명 한 명을 응대하며 쌓아 가는 노력의 무게가 결코 가볍지 않습니다. 그런데 그 성과를 누군가 가로챈다면, 그 결과는 그저 금전적인 손해에 그치지는 않습니다. 그것은 신뢰의 붕괴이고, 노동의 가치를 무너뜨리는 행위입니다.

**A. 사례자:** 경험자/목격자

**B. 경험자:** 20-30대 여성 다수, 소매업 사업장의 일반 판매 직원

**C. 리더:** 40대 여성, 해당 지점의 지점장

**D. 발생한 사건과 배경**

이 사례가 발생한 사업장은 기본급 외에 판매 실적에 따라 수당이 책정되는 급여 체계를 운영하고 있었습니다. 경험자는 입사 초기부터 고객에게 제품 설명을 성실히 하고, 판매 실적을 차곡차곡 쌓아 갔습니다. 하지만 급여 명세서를 보고 이상함을 느꼈습니다. 자신이 체감한 판매 실적에 비해 수당이 지나치게 적었기 때문입니다. 처음에는 단순한 시스템 오류일 거라고 생각했지만, 동료들도 비슷한 의문을 느끼고 있었습니다.

직원들은 각자 자신의 판매 내역을 확인하고 수당을 비교했습니다. 그 결과 자신들이 올린 실적의 일부가 리더의 이름으로 바뀌어 있음을 확인하게 되었습니다. 그가 시스템을 이용해 직원들의 실적을 자신의 실적으로 조작해 온 것이었습니다.

### E. 경험자의 대응

경험자들과 다른 직원들은 리더에게 직접 이의를 제기했습니다. 하지만 리더는 사과하기는커녕 "나는 혼자 아이들 키우며 힘들게 살고 있다", "죽고 싶어도 살아 보려고 이러는 건데 그것도 이해 못 해 주냐"라고 자신의 사정만 호소했습니다. 직원들은 당혹스러웠지만, 공식적으로 문제를 제기하기에는 본사와 지점 간의 거리도 멀고, 본사 인사 시스템도 느슨하게 관리되는 구조라 쉽지 않았습니다. 따라서 직원들은 내부 익명게시판에 글을 올리거나, 기업 리뷰 앱에 사실을 적는 등 소극적인 방식으로 문제 제기를 시도했습니다.

### F. 조직 내부의 대응

본사에서 사안의 심각성을 인지한 뒤 조사에 착수했고, 문제가 반복적이었다는 점과 고의적 행위였다는 정황이 드러났습니다. 리더는 해임되었으나, 그 과정은 조용하게 정리되었고 심지어 경험자들에게도 제대로 통보되지 않았습니다. 또한 공식적인 사과나 배상도 이뤄지지 않았습니다.

### G. 리더의 반응

리더는 끝까지 실적을 바꿔치기한 사실을 인정하지 않았습니다. 오히려 "여러 명이 쓰는 시스템이라 실수가 있었을 수 있다", "판매자 정보가 제대로 안 남을 때도 있다"라며 책임을 흐리려고 했습니다. 해임 통보를 받은 날도 경험자들에게 아무 말 없이 매장을 떠났습니다.

**H. 경험자 및 주변인에게 남겨진 영향**

경험자들은 단순히 금전적인 손해만 입은 것이 아니었습니다. 자신들이 자부심을 가지고 쌓아 온 성과가 도둑맞았다는 사실 자체가 큰 충격이었고, 한동안 의욕마저 잃게 되었습니다. 매장 내 분위기 역시 침묵과 불신으로 가라앉았고, 리더 한 사람의 비윤리적 행동이 지점 전체의 사기를 무너뜨리는 결과를 초래했습니다.

**I. 시사점**

이 사례는 성과급 체계가 잘 갖춰진 조직이라 하더라도, 리더가 자신의 사정이나 이익을 위해 권한을 남용할 때 얼마나 큰 문제가 생길 수 있는지를 보여 줍니다. 리더가 조직 내에서 권한을 가진다는 것은 그만큼 도덕적 책임도 함께 져야 한다는 뜻입니다. 개인 사정이 아무리 어렵다 하더라도, 다른 직원의 몫을 빼앗을 이유가 될 수는 없습니다.

조직은 시스템의 허점을 이용한 부정이 발생하지 않도록 점검과 통제 장치를 철저히 마련해야 합니다. 직원의 성과는 반드시 그 직원의 이름으로 돌아가야 하며, 그 기본 원칙이 지켜지지 않는다면 신뢰와 자발성은 자라나기 어렵습니다.

**그림자 39** 너 폭력범이야. 신고할 거야!

"연말정산 환급금이 나와야 하는데 이걸 안 줘요. 홈택스로 미리 확인해 봤고, 액수도 꽤 됐는데 자꾸 없다고만 해서 항의했어요. 그랬더니 경찰에 폭력 신고를 했어요."(경험자, 남성)

직장에서 일한 만큼의 급여를 받는 것은 가장 기본적인 권리입니다. 정해진 절차에 따라 정산된 환급금도 마찬가지입니다. 그런데 그 정당한 권리를 요구했다는 이유로 리더가 직원에게 보복성 허위신고를 하는 일이 발생했습니다. 직장이 누군가의 이익을 위해 권력이 휘두르는 폐쇄적인 공간이 된 것입니다.

**A. 사례자:** 경험자/목격자

**B. 경험자:** 30대 남성, 해당 사업장에서 1년간 근무한 직원

**C. 리더:** 30대 여성, 차장 직급, 가족 사업장의 재무 담당자

**D. 발생한 사건과 배경**

경험자는 회사에서 연말정산을 마쳤고, 홈택스에서 미리 확인해 본 결과 월급의 절반가량 되는 환급금이 발생할 것으로 예상하고 있었습니다. 그러나 5월이 지나도 환급금은 지급되지 않았고, 재무 담당자인 리더에게 문의하자 "환급금이 없다"라는 답변만 돌아왔습니다.
홈택스에서 확인한 금액이 분명히 있었기에 경험자는 여러 차례 다시 문의했고, 동료 직원들에게도 물어보았습니다. 그런데 다른 직원들 역

시 한 번도 환급금을 받아 본 적이 없다고 했습니다. 회사 전체적으로 연말정산 환급금 지급이 누락되거나 은폐되고 있었던 것입니다.

### E. 경험자의 대응
경험자는 리더에게 환급금을 고의로 지급하지 않은 것 아니냐며 항의했습니다.

### F. 회사 내부의 대응
경험자와 리더의 대화가 격해지면서 목소리가 높아졌고, 리더는 곧바로 경찰에 "폭력을 행사하려는 남성이 있다"라고 허위신고를 했습니다. 정당한 금전 요구를 무력화하기 위한 수단으로 경찰 신고를 이용한 것입니다.

리더의 아버지이자 회사 대표는 이 사건 직후 경험자를 불러 "딸을 위협한 사람과는 같이 일할 수 없다"라며 퇴사를 종용했습니다. 경험자가 권고사직 처리와 환급금 지급을 요구하자 대표는 "사직 사유를 폭력행위로 기록하겠다"라고 협박했습니다. 이후 회사 내에서도 리더와 대표는 경험자의 말투나 행동에 계속 트집을 잡으며 압박했고, 경험자가 조금만 목소리를 높여도 "또 폭력적으로 구는 거냐"라는 식으로 몰아갔습니다.

### G. 외부 기관의 대응
리더가 처음 신고했을 당시 출동한 경찰은 사건이 신체적 접촉으로 이어지지 않았음을 확인하고 양측에 원만한 해결을 권유했습니다. 그러나 회사 측은 신고를 반복적으로 압박 수단으로 활용했고, 이후에는 별다른 외부 기관 개입 없이 사내 갈등이 종결되는 척 마무리되었습니다.

### H. 리더의 반응

리더는 경험자로부터 폭력 위협을 당하는 피해자 행세를 했습니다. 리더가 체구가 작은 여성이고, 경험자가 남성이라는 점 때문에 경험자는 강하게 항의할 수가 없었습니다. 법을 위반하며 연말정산 환급금을 돌려주지 않는 것은 리더와 사측이었으나, 권리를 요구하는 경험자가 마치 가해자처럼 취급받았습니다.

### I. 피신고인 및 목격자에게 남겨진 영향

경험자는 견디다 못해 스스로 퇴사를 선택했습니다. 사건 이후 극심한 스트레스를 겪게 되었고, 한밤중에도 갑자기 벌떡 일어날 정도로 감정적 충격을 경험했습니다. 고용노동부를 통해 연말정산 환급금 및 퇴직금 지급을 요구하는 분쟁을 했고, 다행히 그 금액은 받아냈으나 실업급여 수급에도 불이익이 발생했습니다.

### J. 시사점

이 사례는 가족 경영 체제의 소규모 사업장에서 리더십의 윤리적 결여가 어떻게 근로자의 권리를 심각하게 침해할 수 있는지를 보여 줍니다. 가족 중심 경영 조직에서 권력이 한쪽으로 집중되어 있으면, 직원은 언제든 '외부인'으로 취급되며 희생될 수 있습니다. 또한 신고 제도는 원래 경험자를 보호하기 위한 장치이지만, 이번 사례처럼 직원에게 불이익을 주는 수단으로 악용될 수도 있습니다. 직원의 권리를 정당하게 보장하고, 권력을 남용하지 않도록 조직과 리더급을 감시할 제도적 장치가 반드시 필요함을 일깨워 주는 사례입니다.

**그림자 40** 이 친구 제가 참 아끼는 친구입니다.

"(전에 리더가 형편없다고 욕했던 의견을 망설이다가 사장 앞에서 건의) (리더는) 제가 말하는 내내 뒤에서 노려보고… 사장님이 제 생각이 참 좋다고 하셨거든요. (리더가) 갑자기 표정 싹 바꾸면서 자기가 평소에도 저를 참 아껴서 이런저런 조언도 해 주고 했다고, 자기가 절 키운 것처럼."(경험자, 남성)

리더는 직원의 실수를 지적할 수 있습니다. 그 지적이 개선과 성장을 위한 것이었는지, 아니면 권위의 과시와 감정의 표출이었는지, 상식적인 직원이라면 금세 구분하고 알아차립니다. 사례 속의 리더는 직원의 의견을 폄훼하고 조롱하다가, 그 의견이 사장의 칭찬을 듣자 바로 태도를 바꿨습니다. 직원의 아이디어가 '사실 자기 지도 덕분'이었다고 포장했습니다.

A. **사례자:** 경험자/목격자

B. **경험자:** 30대 초반 남성, 입사한 지 몇 년 되지 않은 평사원

C. **리더:** 50대 남성, 부장급, 해당 부서의 최상급 관리자

D. **발생한 사건과 배경**

경험자가 근무하는 회사의 사장은 사내 조직문화 개선을 위해, 전 부서를 대상으로 직원들의 아이디어를 수렴하라고 지시했습니다. 경험자가 부서 회의에서 새로운 아이니어를 제안했으나, 리더는 "아무 현실성도

없는 얘기를 막 던지고 본다"라며 공개적으로 질책했습니다.

사장이 직접 주관한 전사 간담회에서 "회사에 바라는 점이 있으면 이야기해 보라"라고 권했고, 경험자는 리더의 눈치를 보면서도 이전과 같은 의견을 말했습니다. 그 순간에도 리더는 경험자를 노려보고 있었습니다. 그런데 사장이 경험자의 아이디어를 듣고 "이런 관점이 필요하다", "몇 달 준비하면 충분히 실행할 수 있겠다"라며 크게 칭찬했습니다. 리더는 돌연 태도를 바꾸며 "저 친구 사실 제가 평소에도 많이 아끼는 친구"라고 말했고, 자신 덕분에 경험자가 그런 제안을 할 수 있었던 것처럼 포장했습니다.

### E. 경험자의 대응

경험자는 리더의 이중적인 태도에 허탈했지만, 공식적인 문제 제기는 하지 못했습니다. 조직 내 위계가 높은 데다, 부서 내에서도 '모난 돌이 되지 말자'는 분위기가 강했기 때문입니다. 경험자는 "저렇게 행동해야 출세하나"라는 회의감을 느꼈다고 전했습니다.

### F. 조직 내부의 대응

조직은 경험자의 아이디어를 긍정적으로 평가했고, 사장은 이후 해당 제안이 부서 차원에서 실현될 수 있는 방안을 검토하라고 지시했습니다. 하지만 리더의 언행 변화에 대해서는 누구도 문제 삼지 않았습니다. 팀 내부에서도 '좋게 넘어가자'는 분위기가 형성되었습니다.

### G. 리더의 반응

리더는 평소 회의 자리에서는 직원들의 의견을 깎아내리고 무시하는 모습을 보이면서도, 사장 앞에서는 마치 부하 직원들을 아끼고 잘 지도하는 리더처럼 행동했습니다. 직원이 낸 좋은 아이디어를 자신의 성과처럼 포장하는 기회주의적인 태도를 반복적으로 보여 왔습니다.

**H. 경험자 및 주변인에게 남겨진 영향**

다행히 경험자는 사장의 칭찬으로 조금이나마 위축에서 벗어날 수 있었고, 자신의 의견이 실현될 수 있다는 가능성을 보았습니다. 하지만 리더에 대한 신뢰는 진작부터 없었고, 현재 다른 부서로 이동하길 희망하고 있습니다. 다른 부서원들 또한 리더의 기회주의적이고 비일관적인 태도, 그리고 언제 터질지 모르는 폭언 때문에 불안함을 느끼고 있습니다.

**I. 시사점**

이 사례는 직원의 창의적인 의견과 용기를 꺾는 리더의 이중적 태도가 조직의 활력을 어떻게 무너뜨리는지를 보여 줍니다. 아이디어를 냈을 때는 질책하고 무시하면서, 그것이 상부에서 칭찬받으면 곧장 자신의 공처럼 포장하는 리더는 조직의 신뢰와 자발성을 갉아먹습니다.

조직은 "무엇을 말했는가"보다 "누가 말했느냐"에 따라 존중받는 현실이 없는지 살펴봐야 합니다. 리더는 직원의 성과를 자신의 업적으로 삼으려 하기보다는, 그 성과가 직원의 이름으로 정당하게 돌아갈 수 있도록 도와주는 존재여야 합니다. 신뢰를 잃은 리더는 더 이상 리더일 수 없다는 사실을 기억해야 합니다.

# VIII

## 신의 없는 리더

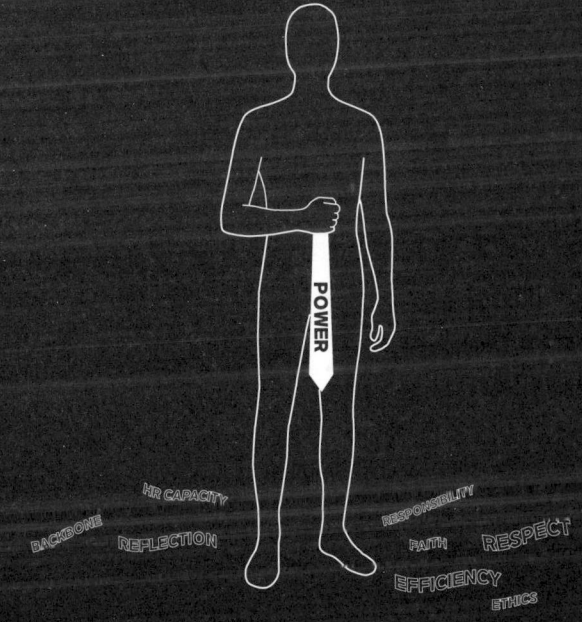

조직은 서로가 서로를 필요로 하는 구조 속에서 움직입니다. 아무리 뛰어난 리더도 혼자서 결과를 만들 수 없습니다. 직원의 노력이 뒷받침되어야 리더가 설정한 목표를 달성할 수 있고, 실적과 성과도 만들어집니다. 때로는 리더가 직원에게 부담스러운 업무를 부탁해야 할 때가 있습니다. "이번 프로젝트만 조금 더 힘내 줘." "이번만 힘내 주면, 다음엔 내가 꼭 너 끌어 줄게." 이런 말은 직원의 헌신을 이끌어 내기 위해 종종 쓰입니다. 그 말을 믿고 살과 뼈를 갈아 가며 일하는 직원들도 있습니다. 리더가 자신을 지켜봐 주고 있다는 믿음이 그들에게 커다란 심리적 버팀목이 됩니다.

하지만 모든 리더가 약속을 끝까지 지키는 것은 아닙니다. 신의 없는 리더는 약속을 쉽게 하지만, 상황이 바뀌면 약속은 언제 있었냐는 듯 사라집니다. 힘든 시기를 함께 버텼던 직원은 "네가 뭘 얼마나 했다고 그래?"라는 말을 듣게 되기도 합니다.

리더가 약속을 지킨다는 건 거창한 일이 아닙니다. 어려운 프로젝트를 함께 한 직원이 있다면, 성과가 나왔을 때 그 직원의 이름을 윗선에 알리고, 인사 평가에서 정당하게 인정해 주는 것. 그 정도만으로도 신뢰는 쌓입니다. 직원은 특별한 걸 바라는 게 아닙니다. 다만 자신이 기여한 만큼은 기억해 주고, 고생한 시간들을 쉽게 지워 버리지 않기를 바랄 뿐입니다.

조직은 사람이 만드는 공간입니다. 그 안에서 신뢰가 사라지면 조직도 함께 무너집니다. 리더의 약속은 그저 말이 아니라 조직의 문화와 운명을 결정짓는 씨앗입니다. 그것을 끝까지 지켜내는 리더가 있는 곳에 건강한 성장이 자리할 수 있습니다.

**그림자 41** 네가 다 한 건 맞지만, 실적은 인정 못 해 줘.

"처음으로 맡은 대형 프로젝트였어요. 힘들어도 (부서장이) 저를 믿는다고 하셔서 버텼어요. … 매일 야근했어요. 자료 만들고, 보고서 정리하고, 다 제가 했어요. (부서장도) 제가 다 한 거라고 칭찬했어요. 그런데…."(경험자, 남성)

"기회를 주겠다"라는 리더의 말을 믿고 열과 성을 다해 일했던 직원이 있었습니다. 리더의 신뢰라는 말 한마디가 큰 용기를 주었고, 감당하기 버거운 일 앞에서도 버틸 힘이 되어 주었습니다. 하지만 리더의 신뢰는 말뿐이었습니다. 신의 없는 리더가 어떻게 직원의 희생을 이용하면서, 정작 보상해야 할 순간엔 나 몰라라 하는지 다음의 사례에서 확인할 수 있습니다.

**A. 사례자:** 경험자/목격자

**B. 경험자:** 30대 남성, 입사한 지 몇 년 되지 않은 평사원

**C. 리더:** 50대 남성, 부서장

**D. 발생한 사건과 배경**
경험자는 입사 후 처음으로 대형 프로젝트를 맡게 되었습니다. 부서장은 경험자에게 "이번 프로젝트는 네가 나서서 해 보라"라며 승진 기회를 암시했고, 그 말은 경험자에게 큰 용기와 동기가 되었습니다.
경험자는 경험이 부족했음에도 매일 야근을 하며 자료 수집, 보고서 삭

성, 수치 분석, 발표 자료 준비 등 프로젝트의 대부분을 도맡았습니다. 주말까지 반납해 가며 몰두했고, 부서장도 프로젝트가 끝날 무렵 "이번 프로젝트는 네가 다 한 것"이라고 경험자의 기여를 인정했습니다. 그러나 막상 인사 평가가 발표되자, 경험자는 승진에서 누락되었습니다. 오히려 함께 일했던 동료가 먼저 승진했는데, 그 동료는 프로젝트에서 큰 역할을 한 적이 없었습니다.

경험자가 부서장에게 승진 누락 이유를 묻자, 부서장은 "내가 어떻게 할 수 있는 부분이 아니다. 다음엔 잘될 거다"라며 책임을 회피했습니다. 이후에도 유사한 일이 반복되었고, 부서장은 어려운 프로젝트가 생길 때마다 경험자를 찾았지만, 그 결과가 승진이나 보상으로 이어진 적은 없었습니다. 경험자는 '말보다 기록이 남고, 약속은 쉽게 사라진다'는 사실을 절실히 깨달았습니다.

### E. 경험자의 대응

경험자는 공식적으로 문제 제기하지 못했습니다. 승진 심사와 평가 권한이 상부에 있었고, 부서장에게 거듭 항의하기도 어려운 분위기였기 때문입니다. 경험자는 업무에 대한 동기와 자발성을 잃었고, 이후에는 주어진 업무만 소극적으로 수행하며 기대치를 낮추게 되었습니다.

### F. 조직 내부의 대응

조직은 평가 시스템상 리더의 추천을 참고는 하지만, 실질적인 평가 기준은 명확히 공개하지 않았습니다. 프로젝트 실적에 대한 공적 기록은 부서장 중심으로 보고되었고, 실무 기여자의 이름이 평가 과정에서 적극 반영되지 않는 문화가 이어졌습니다.

## G. 리더의 반응

리더는 프로젝트가 진행되는 동안에는 경험자를 믿고 있다며 적극적으로 동기를 부여했지만, 성과가 확정되고 평가가 진행되는 단계로 넘어가면 조용히 빠지는 모습을 반복했습니다.

평가 결과가 나올 때마다 경험자의 성과를 위해 나서주지 않았고, 문제를 제기하면 본인이 할 수 있는 게 없다는 말만 반복했습니다. 반면 상부에 보고할 때는 프로젝트 성공의 전반적 기획과 진행이 본인의 지도 덕분임을 강조했습니다. 즉, 리더는 자신을 돋보이게 하기 위해 경험자의 역량을 착취하고 있었던 것입니다.

## H. 경험자 및 주변인에게 남겨진 영향

경험자는 점점 무력감을 느끼게 되었습니다. "아무리 열심히 해도 약속은 지켜지지 않는다"라는 실망이 누적되었고, 조직에 대한 애착과 장기적인 커리어 계획도 사라지게 되었습니다. 동료들도 비슷한 일을 이미 겪었거나, "괜히 나섰다간 바뀌는 게 없다"라며 침묵했습니다.

## I. 시사점

이 사례는 리더의 신의 없는 약속이 직원의 자발성과 조직에 대한 신뢰를 어떻게 소모시키는지를 보여 줍니다. 리더가 직원에게 건네는 격려나 약속은 헌신의 이유이자 큰 동기가 될 수도 있습니다. 하지만 약속이 반복적으로 지켜지지 않는다면 열심히 일하는 직원이 먼저 지쳐서 떠나게 되는 것이 조직의 현실입니다.

리더는 말로만 약속하지 말고 그 약속을 끝까지 지켜 내는 사람이 되어야 합니다. 또한 조직은 단순히 리더의 보고만 볼 것이 아니라, 성과가 만들어지는 과정에서 누가 실제로 기여했는지를 살필 수 있는 감수성을 갖춰야 합니다.

### 그림자 42 다음 학기에는 졸업시켜 줄게. 줄게. 줄게.

"우리끼리 하는 말이 있어요. 석사생은 노비, 박사생은 여권 뺏긴 외노자. … 나이도 있고 가정도 있고, (학위) 빨리 끝내야 하는데 (지도 교수가 계속 졸업을 시켜 주지 않는 상황). 다음 학기에는 졸업시켜 준다는 말이 벌써 세 번째였어요."(남성, 경험자)

이번 사례는 사업장에서 발생한 사건은 아닙니다. 하지만 사업장에서 발생하는 노동력 착취와 매우 유사한 형태를 보여 주고 있습니다. 바로 대학에서 발생한 사건입니다.

학문은 자유와 탐구를 바탕으로 이루어져야 합니다. 그 과정의 현장인 대학원에서 지도 교수가 절대적인 권력과 영향력을 행사하기도 합니다. 학생이 자신의 미래를 걸고 수년 동안 연구에 몰두하는 동안, 지도 교수는 그 연구의 방향을 좌지우지합니다. 그들 중에는 본인의 논문 실적을 위해 학생들의 역량과 젊음을 갈아 넣고, 그들의 시간을 착취하는 교수도 있습니다.

이 사례는 박사과정생이 지도 교수의 신의 없는 약속 아래 얼마나 오랫동안 희생당하고 소진되었는지를 보여 주는 이야기입니다.

**A. 사례자:** 경험자/목격자

**B. 경험자:** 30대 후반 남성, 박사과정 재학생

**C. 리더:** 50대 남성, 대학교수, 지도 교수

**D. 발생한 사건과 배경**

경험자는 박사과정에 입학한 뒤 수년 동안 연구실에서 성실히 연구에 몰두해 왔습니다. 연구실 내에서도 논문도 다수 발표하며 박사학위 요건을 대부분 충족한 상태였습니다. 경험자는 이미 가정을 이루었고, 나이도 적지 않아 하루라도 빨리 졸업해 취업해야 할 필요가 컸습니다. 그러나 리더는 졸업을 계속 미루었습니다. "데이터가 조금 부족하다", "논문이 한 편 더 필요하다", "졸업 후 진로를 좀 더 다듬어야 한다" 등 구체적이지 않은 이유로 경험자의 졸업을 세 차례나 미뤘습니다.

경험자는 "석사생은 노비, 박사생은 여권 뺏긴 외노자"라는 자조적인 표현으로 자신의 처지를 이야기했습니다. 박사과정생이 리더 앞에서 무력할 수밖에 없는 대학원 구조가 여실히 드러난 상황이었습니다.

**E. 경험자의 대응**

경험자는 처음에는 리더를 신뢰하고 기다렸습니다. 그러나 졸업 연기가 반복되면서 심리적 부담과 경제적 압박이 점점 커졌습니다. 그럼에도 공식적으로 문제 제기하거나 학교에 도움을 요청하지는 못했습니다. 리더와 관계가 틀어질 경우 추천서, 취업, 학계 네트워크 등에서 큰 불이익을 받을 수 있다는 두려움 때문이었습니다.

**F. 조직 내부의 대응**

대학원 내에서는 리더가 졸업 여부를 좌우할 수 있는 강력한 권한을 갖고 있었습니다. 경험자가 문제를 제기해도 실질적으로 중재하거나

감독할 기관은 부재했고, 리더의 재량이 절대적인 구조였습니다.

### G. 리더의 반응
리더는 "다음 학기에는 졸업시켜 주겠다"라는 말을 반복하며 경험자를 달랬습니다. "조금만 더 준비하자", "네가 나중에 더 인정받게 해 주고 싶다" 등의 말을 하며 추가 연구와 시간을 계속 요구했지만, 약속은 세 번이나 번복되었습니다.

### H. 경험자 및 주변인에게 남겨진 영향
경험자는 졸업이 계속 미뤄지면서 심리적으로 크게 지쳤습니다. 연구실에서 받는 수당만으로는 가정의 생계를 꾸리기 어려웠고, 배우자의 수입에 의존해야 했습니다. 그로 인해 배우자와의 갈등도 자주 발생했습니다. 주변의 다른 박사과정생들 역시 리더의 권한 남용으로 비슷한 상황을 겪고 있었고, "대학원 구조 자체가 그렇다"라는 체념이 연구실 내에 퍼져 있었습니다. 후배들 중에는 다른 교수의 연구실로 옮겨 빨리 졸업하고 안정된 직장을 구한 사례도 있었는데, 경험자는 그들의 얘기를 들을 때마다 더욱 큰 자괴감과 좌절을 느꼈습니다.

### I. 시사점
이 사례는 지도 교수의 졸업 승인 권한이 얼마나 절대적이고, 그 권한이 학생 개인의 삶 전체에 어떤 영향을 미칠 수 있는지를 잘 보여 줍니다. 지도 교수의 약속은 학생의 미래 계획을 송두리째 흔들 수 있는 만큼, 그들 스스로 신의와 책임을 무겁게 여겨야 합니다. 졸업을 담보로 한 권한 남용은 한 개인만의 문제가 아니라 학계의 신뢰와 공정성마저 훼손합니다. 또한 이런 문화 속에서 학위를 받은 이들이 같은 행태를 후임에게 되풀이할 가능성도 큽니다.

상명하복 문화가 강하고 교수의 제자 착취 문제가 심각한 대학원이라면 반드시 구조적인 변화를 고민해야 합니다. 지도 교수 개인 권한에만 의존하지 않고, 학생이 목소리를 낼 수 있는 안전망과 제도적 장치를 마련해야 합니다.

**그림자 43** **이번만 네가 한 걸로 하자. 다음엔 내가 너 잘 끌어 줄게.**

"신입 때부터 같이 일했어요. 정말 몸 바쳐서 일했어요. (리더는) 그게 다 우리 성과라고, 자기가 잘나가야 저도 끌어 줄 수 있는 거라고. … (리더가) 좀 크게 실수를 한 게 있었어요. 징계는 무조건이었죠. 그때 (리더가) 승진 대상이었거든요. 저한테 한 번만 뒤집어써 달라는 거죠."(경험자, 남성)

높은 직급에 있는 리더가 부서원에게 무리한 '부탁'을 하는 경우는 간혹 발생합니다. 심지어 본인이 한 행동으로 인해 문제상황이 발생했을 때, 부서원에게 그 책임을 떠안아 줄 것을 요구하기도 합니다. 몸 바쳐서 그들의 성과를 만들어 줬던 부서원은 그런 리더의 말에 넘어가기도 합니다. 본인이 그동안 해 준 것이 있으니 리더도 그걸 알아줄 거라고 착각하기도 합니다. 때로는 그런 리더의 말이 거짓이란 걸 알면서도 어쩔 수 없이 받아들여야 하기도 합니다.

**A. 사례자:** 경험자/목격자

**B. 경험자:** 40대 남성, 과장, 10년 이상 회사를 위해 충실히 일해 온 평사원 출신 관리자

**C. 리더:** 50대 남성, 경험자의 직속 상사

**D. 발생한 사건과 배경**

경험자는 신입 때부터 같은 부서에서 리더와 함께 일하며, 그로부터 신뢰와 인정을 받아 왔습니다. 그러던 중, 리더가 잘못된 판단으로 인해 회사에 상당한 손실을 끼치는 일이 발생했습니다. 회사에서는 책임 소재를 파악하기 위해 조사에 착수했습니다.

그때 리더는 경험자에게 다가와 "이번만 네가 한 걸로 해 달라. 내가 승진하면 꼭 널 끌어 주겠다"라고 말했습니다. 하지만 경험자가 뒤집어쓴다면, 경험자 본인이 징계를 받을 뿐 아니라 이후 승진에서도 밀릴 게 뻔했습니다. 경험자가 선뜻 승낙하지 않자, 리더는 태도를 바꿨습니다. 사소한 부분을 트집 잡으며 괴롭히기 시작했습니다. 동료들 역시 리더의 눈치를 보며 경험자와 거리를 두었습니다. 리더는 인사 평가 불이익과 정리해고 가능성까지 언급하며 압박했고, 경험자는 리더의 요구를 받아들여 사건의 책임을 뒤집어쓰게 되었습니다. 그러자 한동안 리더는 다시 경험자를 예전처럼 대해 주었습니다.

그러나 징계가 끝난 후 리더의 태도는 또 돌변했습니다. 오히려 주변에 "문제가 많은 직원"이라며 부정적인 소문을 흘리기도 했습니다. 이후 회사에서 정리해고 명단을 작성할 때, 리더는 경험자의 이름을 포함시켰습니다.

### E. 경험자의 대응

경험자는 리더의 배신을 예상하긴 했지만, 설마 자신을 회사에서 완전히 내쫓으려 할 줄은 몰랐습니다. 한직으로 이동시키는 정도를 예상하기는 했으나, 명예퇴직 명단에 오르게 되었고, 퇴사를 피할 수 없다고 판단했습니다.

퇴사 이후 경험자는 극심한 충격과 함께 장래에 대한 두려움을 느꼈습니다. 징계 기록이 남아 업계 내 이직마저 어렵다고 생각하며 큰 좌절에 빠졌습니다.

### F. 조직 내부의 대응

조직은 상사의 요청을 그대로 수용하며 징계 절차를 진행했고, 이후 명예퇴직 절차 역시 그대로 추진되었습니다. 경험자가 상사의 요구를 수용하게 된 과정이나 상사가 본인의 실책을 은폐한 사실에 대한 문제 제기나 내부 조사는 전혀 이루어지지 않았습니다.

### G. 리더의 반응

리더는 경험자가 자신을 위해 책임을 떠안아 준 직후에는 잠시 예전처럼 대했지만, 징계가 끝난 이후에는 빠르게 거리를 두고 책임을 피했습니다. 오히려 경험자를 "문제 직원"으로 몰며 주변에 소문을 내었고, 정리해고 명단에 포함시키는 등 철저히 경험자를 조직 밖으로 몰아냈습니다. 리더는 자신의 잘못이 드러나는 것을 막기 위해 경험자를 희생양으로 삼았던 것입니다.

## H. 경험자 및 주변인에게 남겨진 영향

경험자는 오랜 세월을 바쳐 일해 온 회사를 떠나야 했고, 깊은 배신감과 함께 극심한 상실감을 겪었습니다. 가족의 생계를 책임져야 하는 상황에서 미래에 대한 불안은 더욱 커졌습니다. 동료들 역시 상황을 알고 있었지만, 대부분 조직 분위기에 휩쓸려 침묵하거나 방관했습니다. 경험자 한 사람의 희생으로 조직의 안정을 유지하려 한 것입니다.

## I. 시사점

이 사례는 리더의 무책임한 약속과 권력 남용이 한 직원의 인생을 어떻게 무너뜨리는지를 보여 줍니다. "이번만 희생해 달라"라는 말은 단순한 부탁이 아니라, 권력을 이용한 강요일 뿐입니다. 리더의 약속은 지켜지지 않았고, 성실히 일해 온 직원이 조직에서 쫓겨나는 비극적 결말로 이어졌습니다. 조직이 이런 리더의 행태를 방치한다면, 그곳에 남는 것은 책임 회피와 보신주의뿐입니다. 리더는 직원의 성실성과 신뢰를 이용해서는 안 됩니다. 조직은 리더가 책임을 회피하기 위해 후임을 희생시키는 행태가 발생하지 않도록 감시와 견제의 장치를 갖추어야 합니다.

### 그림자 44 사비로 우선 쓰면 다 정산해 줄게.

"(원장이 어린이집 업무 관련 비용을 사비로 쓰면 정산해 주겠다고 한 상황) 영수증 드리고 몇 달이 지나도 아무 말 없는 거예요. 그 뒤에도 몇 번 비슷한 일이 있었어요. 나중에 다른 선생님들이 말해 줘서 알았어요. 원장 상습적으로 그런다고."(경험자, 여성)

조직이 지출할 비용을 대신 지불한 직원이 정산을 받는 일은 당연합니다. 하지만 리더가 그 정산 과정을 악용하여 직원에게는 돈을 주지 않고 본인이 챙긴다면 그것은 단순한 실수가 아니라 의도적인 착취가 됩니다. 이번 사례는 신규 직원의 어색함과 침묵을 이용해 비용을 편취하는 리더의 행동이 어떻게 조직 안에서 상습적으로 반복될 수 있는지를 보여 주는 이야기입니다.

**A. 사례자:** 경험자/목격자

**B. 경험자:** 30대 여성, 어린이집에 갓 입사한 교사

**C. 리더:** 50대 여성, 어린이집 원장

**D. 발생한 사건과 배경**

경험자는 어린이집에 새로 입사한 교사였습니다. 입사 전 행사장에서 원장이 교사 처우 개선을 주장하는 모습을 보고 신뢰를 가지게 되어 지원한 곳이었습니다. 입사한 지 얼마 되지 않아, 원장은 경험자에게 개인 차량이 있다는 사실을 알고 외부 교육 일정에 다른 교사들을 태우고 다녀오라고 지시했습니다. 원장은 기름값과 경비를 영수증으로 제출하면 모두 정산해 주겠다고 약속했습니다.

경험자는 원장의 말을 믿고 자차로 이동하며 교육장에 다녀왔고, 영수증도 제출했습니다. 하지만 몇 달이 지나도록 정산받지 못했습니다. 처음에는 원장이 바빠서 깜빡했겠거니 하고 기다렸지만, 이후에도 유사한 상황이 반복되었습니다.

경험자가 조심스럽게 정산 여부를 물으면 원장은 "서류가 밀려서 그래", "조금만 기다려"라며 매번 핑계를 댔습니다. 경험자는 다른 교사들을 통해 원장이 과거에도 늘 이런 식으로 비용 정산을 미루고, 영수증으로는 기관에 비용 처리를 한 뒤 실제로는 교사들에게 돌려주지 않는다는 사실을 알게 되었습니다.

### E. 경험자의 대응

경험자는 처음엔 원장의 약속을 믿고 기다렸지만, 점차 상황이 반복되자 의심을 품게 되었습니다. 그러나 갓 입사한 신입 교사라는 위치에서 원장에게 강하게 항의하기는 쉽지 않았습니다. 다른 교사들 역시 원장의 행동을 알고 있었지만, 대부분 참고 넘어가고 있었고, 조직 내에는 공식적으로 문제를 제기할 수 있는 창구도 마련되어 있지 않았습니다.

### F. 조직 내부의 대응

어린이집 내부에는 비용 정산을 감시하거나 검증할 수 있는 시스템이 전혀 마련되어 있지 않았습니다. 원장과 원장의 동생이 모든 비용 집행과 정산을 독점적으로 관리하고 있었고, 급여 지급 시기마다 교무실을 잠그고 교사들의 접근을 차단했습니다. 이 안에서 비용 조작이나 누락이 진행되었던 정황도 있었습니다.

### G. 리더의 반응

원장은 정산 문제를 지적받을 때마다 "다음에 챙겨 줄게", "서류가 밀려서 그래", "돈 떼어먹을까 봐 그래?"라며 책임을 회피했습니다. 본인이 비용을 착복하고 있다는 사실을 부인하지는 않았지만, 그 문제를 대수롭지 않게 넘기곤 했습니다.

H. 경험자 및 주변인에게 남겨진 영향

경험자는 원장에 대한 신뢰를 잃게 되었습니다. 말로만 어린이집 교사 처우 개선을 주장하고 다닐 뿐, 정작 본인은 직원들을 착취하는 원장을 보고 크게 실망했습니다. 다른 교사들도 대부분 비슷한 피해를 겪었지만 "어린이집 보통 그렇다"라는 식으로 체념하는 분위기가 형성되어 있었습니다.

I. 시사점

이 사례는 소규모 조직에서 권한이 집중된 리더가 얼마나 쉽게 금전 문제를 악용할 수 있는지를 보여 줍니다. 특히 신입 직원이 문제점에 대해 말하기 어려워하는 심리를 교묘히 이용해 반복적으로 사비 지출을 유도하고, 정산을 미루며 이익을 챙기는 행위는 단순한 관리 소홀을 넘어선 명백한 부당행위입니다.

조직은 비용 집행과 정산에 대한 투명하고 독립적인 관리 시스템을 마련해야 하며, 리더의 권한에 일정한 견제 장치를 두어야 합니다. 다만 본 사례에서는 리더가 곧 사업주였으므로 이런 장치가 있어도 문제 해결에 크게 기여하진 못할 것입니다. 어린이집 내부가 아닌 외부에 이런 감시 시스템이 필요할 것으로 보입니다.

**그림자 45** 이 사람이 내 와이프야.

"처음 면접 때부터 사장님이 정말 젠틀하고, 매너도 좋고, 직원도 진심으로 아끼는 사람이구나 싶었어요. 매장도 엄청 체계적으로 깔끔하게 잘 운영하시고, 저희에게도 배려를 많이 해 주셨어요. 그래서 저도 열심히 도와드렸죠. 매니저님과 연애하시는 것도 응원했었는데… 나중에 진짜 아내분이 찾아오신 거예요. 아내분도 임신 중이셨어요."(경험자, 여성)

조직에서 리더에 대한 신뢰는 단순히 업무 능력이나 관리 역량만으로 만들어지지 않습니다. 그의 품성과 신의, 사적인 삶에서의 책임감까지 포함되어야 진정한 신뢰가 형성됩니다. 이 사례는 업무적으로 완벽한 리더도 사적 영역에서의 신뢰가 무너지면 직원의 존중과 충성심을 잃게 됨을 보여 줍니다.

**A. 사례자:** 경험자/목격자

**B. 경험자:** 20대 여성, 아르바이트 직원

**C. 리더:** 30대 남성, 매장 사장

**D. 발생한 사건과 배경**

경험자는 아르바이트 면접 자리에서 처음 사장을 만났습니다. 그는 젠틀하고 예의 바른 태도를 보였고, 매장 역시 체계적이고 깔끔하게 운영되고 있었습니다. 사장은 업무적으로도 직원들을 배려하며 좋은 근무 분위기를 만드는 리더였습니다. 경험자는 이런 사장을 신뢰하게 됐고, 자발적으로 근무 시간 외에도 도움을 주며 매장 일에 애착을 가지게 되었습니다.

근무 중 경험자는 자연스럽게 사장과 매장 매니저가 연애 중이라는 사실을 알게 되었고, 두 사람 모두 좋은 인상이었기에 진심으로 응원했습니다. 매니저가 임신했다는 소식을 들었을 때도 곧 결혼할 것이라 생각하며 축하해 주었습니다.

얼마 후, 예상치 못한 일이 벌어졌습니다. 사장의 실제 아내가 매장을 찾아왔고, 그 아내 역시 임신 중이었습니다. 매장 운영 자금과 사업권이 모두 사장의 처가 쪽에서 지원받은 것이었습니다. 이 사실을 알게 된 경험자는 큰 충격을 받았고, 그동안 신뢰했던 사장이 아내와 애인, 두 사람 모두를 기만하고 있었다는 사실에 깊은 실망감을 느꼈습니다. 이후 사장은 경험자의 눈치를 살피고, 경험자와 마주치는 것을 피했습니다.

### E. 경험자의 대응

경험자는 직접 사장에게 항의하지는 않았지만, 그 사건 이후 사장에 대한 실망과 환멸을 크게 느꼈습니다. 일터에 대한 애착도 사라졌고, 근무 시간에도 이전처럼 적극적으로 일할 마음이 들지 않았습니다. 얼마 후에는 아예 아르바이트를 그만두게 되었습니다.

### F. 리더의 반응

사장은 사건 이후 경험자 앞에서 눈치를 보며 민망해하는 모습을 보였습니다. 겉으로는 평소와 같이 매장을 운영하고 직원들에게 친근하게 대하려 했으나, 이미 깨져 버린 신뢰는 회복되지 않았습니다.

### G. 경험자 및 주변인에게 남겨진 영향

경험자는 리더에 대한 신뢰를 상실하는 경험을 했습니다. 일터에서 보여 주던 배려와 체계가 모두 위선처럼 느껴졌고, 스스로 사람 보는 눈이 없었다는 자책까지 하게 되었습니다. 다른 직원들도 사장에 대한 존경을 잃었고, 사이좋게 지내던 직원들끼리도 서먹해하며 눈치를 보는 분위기가 이어졌습니다.

### H. 시사점

이 사례는 리더의 사적인 영역에서의 신의와 책임감이 조직 내 신뢰와 직결된다는 점을 잘 보여 줍니다. 리더가 업무적으로 아무리 유능하고 친절하더라도, 사적 영역에서의 도덕적 해이가 드러나는 순간, 쌓아 온 신뢰와 존중은 한순간에 무너질 수 있습니다. 직원들이 리더를 따르는 이유는 단순히 직급이나 권위 때문이 아니라, 그 사람이 인간적으로 믿을 수 있는 사람이라는 확신이 있기 때문입니다. 리더십은 실력뿐 아니라 신의와 책임감이 함께 뒷받침되어야 합니다. 사적인 신뢰를 저버린 리더는 조직 전체의 분위기와 직원의 마음을 흔들어 놓게 됩니다.

# IX

## 공정성 없는 리더

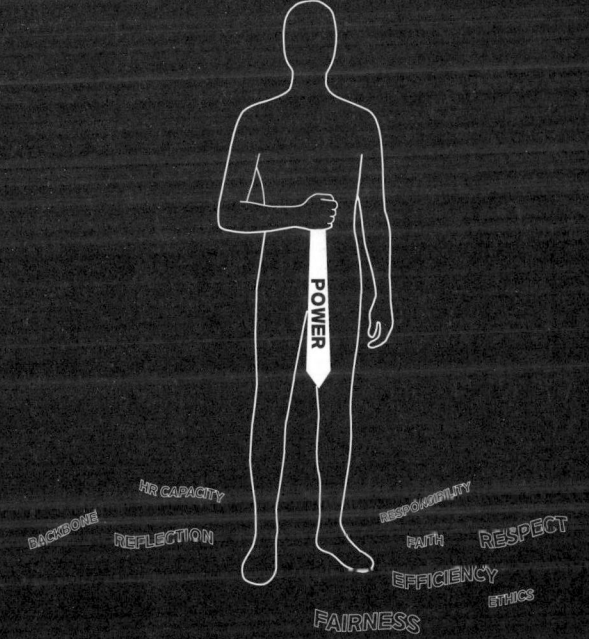

조직에서 리더가 해야 할 가장 기본적인 일 중 하나는 공정성을 지키는 일입니다. 누구에게나 같은 잣대를 적용하고, 비슷한 성과에는 비슷한 보상이 주어지도록 관리하는 것입니다. 조직이 오래 가느냐, 직원이 자발적으로 움직이느냐는 이 공정성 위에서 결정됩니다.

하지만 어떤 리더들은 이 단순하고 기본적인 원칙조차 지키지 못합니다. 공정하지 않은 리더는 늘 누군가에게는 지나치게 관대하고, 또 다른 누군가에게는 이유 없이 차갑습니다. 기준은 상황이나 사람, 심지어 기분에 따라 달라집니다. 이런 리더 아래에서는 열심히 하는 사람이 가장 먼저 지치는 조직이 만들어집니다. 더 많이 일하고도 적은 보상을 받는 직원들은 조직에 대한 소속감을 잃고, 과감히 아이디어를 내던 직원은 회의에서 입을 닫습니다. 더 나은 조직을 기대하며 이직을 반복합니다.

리더가 공정하다는 것은 모든 것을 똑같이 나누는 게 아닙니다. 다만 누구나 납득할 수 있는 이유와 기준을 가지고 움직이는 것입니다. "나는 네 입장을 이해한다"라는 말과 함께 "이번엔 이렇게 결정할 수밖에 없지만, 다음엔 반드시 보상하겠다"라고 말할 수 있어야 하고, 실제로 그 약속을 지킬 수 있는 사람이어야 합니다.

### 그림자 46 너는 백인이 아니잖아!

"(입사부터 백인들보다 연봉이 적었음) 일 시작하고 보니 그 차이가 더 심했어요. 걔들은 일하다 말고 티타임 갖고, 칼퇴근해도 상사가 아무 말 안 해요. 저는 화장실 갈 틈도 없이 일했고, 복지 혜택도 적었어요."(경험자, 남성)

공정성은 조직의 가장 기본적인 신뢰 기반입니다. 같은 일을 한다면 비슷한 대우를 받는다는 믿음, 비슷한 실적을 내면 비슷한 보상이 따라온다는 믿음이 유지될 때 사람들은 자발적으로 일하고 조직을 믿습니다. 조직이 직원을 위해 해 줄 수 있는 최소 조건이 바로 그 공정성입니다. 이 사례는 같은 회사 안에서도 출신 배경과 인종, 국적에 따라 대우가 어떻게 달라졌는지, 회사가 얼마나 그에 대한 문제의식을 느끼지 못했는지 보여 주는 이야기입니다.

**A. 사례자:** 경험자/목격자

**B. 경험자:** 20대 후반 남성, 어린 나이에 해외로 이민한 한국계 직원

**C. 리더:** 40대 남성, 부서장, 한국 본사에서 파견 나간 직원

**D. 발생한 사건과 배경**

경험자는 해외에 진출한 한국 기업에 입사하게 되었습니다. 그는 현지에서 성장하며 교육을 받았고, 한국어와 현지 언어 모두 능통했으며, 회사가 필요로 하는 인재 조건을 갖추고 있었습니다. 그러나 입사 과정에서 제안받은 연봉은 기대에 못 미쳤고, 같은 일을 하는 다른 외국인(백인) 직원들과 비교했을 때 현저히 낮은 수준이었습니다. 협상 끝에 초기 제안보다는 다소 오른 금액으로 계약을 체결했지만, 여전히 차이는 뚜렷했습니다.

입사 후 현실은 더욱 명확히 드러났습니다. 외국인 직원들은 오전과 오후 티타임을 즐기며 여유롭게 근무했고, 정시 퇴근도 당연한 권리처럼

보장받았습니다. 리더 또한 그들의 업무 태도에 대해 별다른 제재나 불만을 제기하지 않았습니다.

반면, 경험자는 화장실 갈 틈조차 없이 바쁜 일정에 내몰렸고, 업무량은 과중했으며 야근이 거의 일상이 되었습니다. 급여뿐만 아니라 복지 혜택도 외국인 직원들과는 차이가 났습니다.

경험자가 리더에게 문제를 제기했을 때 리더는 "그래도 한국 본사에서 일하는 직원들보다 네 연봉이 높다"라는 말만 되풀이했습니다. 그러나 경험자가 근무하는 국가는 생활비와 평균 임금 수준이 전혀 다르고, 백인 직원들은 경험자보다 훨씬 나은 대우를 받고 있었기에 이 말은 설득력이 없었습니다.

### E. 경험자의 대응

경험자는 이 상황이 명백한 차별이라고 느꼈고, 여러 차례 문제를 제기했지만 바뀌지 않자 점차 체념하게 되었습니다. 일정 기간 경력을 쌓은 뒤 차별 없는 현지 기업으로 이직하겠다는 결심을 하게 되었습니다.

### F. 조직 내부의 대응

조직은 오랜 기간 국적별, 인종별로 다른 처우를 관행처럼 유지해 왔습니다. 백인 외국인 직원은 해외 전문가로 분류되어 특별 대우를 받았지만, 현지 한국계 직원들은 '현지 채용자'로 분류되어 낮은 급여와 과도한 업무 부담을 떠안아야 했습니다. 리더도 이러한 구조를 바꾸려 하지 않았고, 회사의 방침을 그대로 따랐습니다.

### G. 리더의 반응

리더는 경험자의 문제 제기를 받아들이기보다는 "그래도 본사 직원들 보단 네가 더 나은 대우를 받고 있지 않느냐"라며 경험자가 불필요한 불평을 한다는 식으로 반응했습니다. "외국인 직원을 채용하려면 그만큼 조건이 다를 수밖에 없다"라며 정당화하려고 하기도 했습니다. 경험자의 목소리를 정당한 문제 제기로 보지 않았습니다.

### H. 경험자 및 주변인에게 남겨진 영향

경험자는 조직에 대한 애정과 신뢰를 점점 잃어 갔습니다. 처음에는 성실히 일하고 인정받길 원했지만, 출신과 인종이 만든 보이지 않는 위계 앞에서 아무리 노력해도 바뀌지 않는 현실에 크게 실망했습니다. 같은 처지의 동료들 사이에도 점점 무력감과 체념이 번졌습니다.

### I. 시사점

이 사례는 공정하지 않은 리더십이 어떻게 조직 내부에 보이지 않는 차별의 벽을 쌓아 올리는지를 보여 줍니다. 같은 일을 하면서도 단지 국적, 인종, 피부색이 다르다는 이유로 다른 대우를 받는 조직에서 직원은 장기적으로 머물며 헌신하려 하지 않습니다.

리더는 "회사의 방침"이라는 말로 차별을 정당화할 것이 아니라, 각각의 직원이 정당한 대우를 받고 있는지 민감하게 살피고 조율해야 할 책임이 있습니다. 그것이 지켜지지 않는 조직에서는 가장 열심히 일하던 사람이 가장 먼저 떠나게 될 뿐임을 이 사례는 분명히 말해 주고 있습니다.

**그림자 47** 너는 백인이 아니잖아 II

"저는 영국에서 러셀 그룹 대학[12]에서 공부했고, IT 기업에서 몇 년 일했어요. 인도로 돌아와서 한국 기업에 입사했는데… 저보다 조건 안 좋았던 백인 직원이 더 높은 연봉을 받고 있었어요. 상사는 백인 직원에게는 잘해 줬는데 우리한테는 아니었어요. 우리를 보면서 한국어 욕까지 했어요."(경험자, 남성)

공정성이란 단순히 제도나 절차의 문제가 아닙니다. 그 안에서 사람을 어떻게 바라보고, 어떻게 존중하느냐의 태도에서부터 출발합니다. 이번 사례는 학위 수준이나 경력을 고려하지 않은 채, 인종을 바탕으로 연봉과 대우를 책정하고, 유색 인종에게는 함부로 대하는 리더의 모습을 보여 줍니다.

**A. 사례자:** 경험자/목격자

**B. 경험자:** 30대 인도인 남성, 영국 유학 및 IT 기업 근무 경력을 가진 고학력 전문인력

**C. 리더:** 40대 한국인 남성, 해외 파견 부서장

**D. 발생한 사건과 배경**
경험자는 영국에서 유학하고, 영국 내 IT기업에서 근무한 경험이 있었

---

12  영국 내 상위 20개 대학을 의미

습니다. 이후 귀국하여 인도에 진출한 한국계 글로벌 기업에 입사하게 되었습니다. 하지만 입사 시 제시된 연봉은 현지에서 채용된 다른 인도인 직원들과 크게 다르지 않았습니다. 경험자는 자신이 학력과 경력 면에서 훨씬 우수하다고 생각했으나, 회사 측은 "인도계 기업에서도 그만큼 받기 어렵다"라며 협상을 받아들이지 않았습니다.

하지만 경험자보다 학력도 낮고 경력도 부족한 백인 외국인 직원은 더 높은 연봉과 더 좋은 복지 혜택을 받고 있었습니다. 그는 정시에 퇴근하고 근무 중에도 여유를 가졌지만, 경험자를 비롯한 인도계 직원들은 과도한 업무에 시달렸습니다.

리더는 백인 직원에게는 매너 있게 대하며 업무를 지도했지만, 인도인 직원들에게는 고압적인 태도를 보였습니다. 특히 한국어로 욕설을 하며 인도인 직원들을 비하했는데, 한국 드라마나 대중문화를 통해 한국어를 접한 인도 직원들은 그의 욕설을 충분히 알아들었습니다.

### E. 경험자의 대응

경험자는 이러한 차별을 인지하고 있었습니다. 이중 잣대는 회사 전체에 걸쳐 구조적으로 자리 잡고 있었습니다. 경험자가 목소리를 내도 들어 주는 사람은 없었습니다. 오히려 인도인 전체에 대한 모욕적인 말을 내뱉는 리더만이 있었습니다.

### F. 조직 내부의 대응

조직은 해외 법인에서 국적과 인종을 기준으로 직원들을 분리하여 관리했고, 차별적 처우를 '시장 조건'이라는 이유로 정당화했습니다. 인격적 모욕이나 차별적 언행에 대해서도 아무런 제도적 통제가 이루어지지 않았으며, 리더는 본사의 묵인 아래 사실상 전권을 행사했습니다.

### G. 리더의 반응
리더는 백인 직원에게는 배려 깊게 대했지만, 인도계 직원에게는 고압적인 태도를 보였습니다. 언어폭력과 차별적 언행에 대한 문제의식이 없었고, 경험자의 학력과 경력을 정당하게 인정하거나 평가하려는 노력도 보이지 않았습니다.

### H. 경험자 및 주변인에게 남겨진 영향
경험자는 업무적 성취와 상관없이 인정받지 못하는 조직의 구조에 깊은 무력감을 느꼈습니다. 하루빨리 다른 외국계 기업으로 이직해야겠다고 생각하게 되었습니다.

### I. 시사점
이 사례는 조직 내에 공공연한 차별이 얼마나 쉽게 고착화될 수 있는지를 보여 줍니다. 학력이나 실력보다 국적이나 피부색이 우선시되는 조직에서 공정성은 사라지고, 직원들은 무력감에 빠질 수밖에 없습니다. 리더의 공정성은 제도적인 부분을 넘어, 일상 속에서 사람을 대하는 태도에서부터 시작됩니다. 같은 일을 하는 사람이라면 국적이나 출신에 상관없이 존중받아야 하고, 공정한 기준으로 보상과 기회가 주어져야 합니다. 그것이 지켜지지 않는 조직은 속부터 썩어 들어가며, 국제적인 경쟁력마저 잃게 될 수 있습니다.

**그림자 48** 그 사람 미국 명문대 출신이야.

"(비정규직으로 입사했다가 정규직 시험도 합격했으나 무기계약직으로 계약하게 됨) 항의해도 무기계약직이나 정규직이나 같다는 말뿐이었죠. … (미국 명문대 석사 출신 정규직 신입 입사 후) 우리는 조금만 실수해도 소리부터 지르던 (리더가) 그 사람은 계속 감싸더라고요. '미국 명문대 출신이다, 천천히 나아지고 있다.' 하면서요."(경험자, 40대 여성)

조직 안에서 서로 다른 고용 형태, 학벌, 출신 배경에 따라 이중잣대를 들이대기 시작하면, 같은 일을 하면서도 직원들이 서로 다른 무게의 책임과 평가를 겪게 됩니다. 명문대 출신의 정규직이라는 이유로 실수해도 감싸던 리더가 국내 대학을 나온 비정규직 출신 직원에게는 실수 하나에 죽을죄를 지은 것처럼 질책하기도 합니다. 바로 이번 사례에서 발생한 차별이었습니다.

**A. 사례자:** 경험자/목격자

**B. 경험자:** 40대 여성, 공공기관 무기계약직, 10년 이상 근속

**C. 리더:** 50대 여성, 정규직 부서장

**D. 발생한 사건과 배경**
경험자는 20대에 공공기관에 비정규직으로 입사하였습니다. 입사 후 4-5년 정도 근무하던 중, 기관 측에서 정규직 전환 기회를 안내하였고, 경험자는 전환 시험에 합격하였습니다. 그러나 실제로는 무기계약

직 형태로만 계약할 수 있다고 통보받았습니다. 이에 이의를 제기했으나 인사팀은 "무기계약직이나 정규직이나 근무조건은 같다"라고 답변할 뿐이었습니다.

실망스러운 마음을 안고도 경험자는 조직 내에서 맡은 업무를 묵묵히 수행해 왔습니다. 부서장의 프로젝트를 책임감 있게 처리하며 사실상 핵심 인력으로 자리 잡아 갔습니다. 그러던 중, 부서에 미국 명문대 석사 출신의 정규직 신입 직원이 들어왔습니다. 경험자는 이미 10년 이상 근속한 경력이 있었지만, 신입 직원은 입사하자마자 경험자보다 직급이 높았습니다.

그 신입의 업무 능력은 심각한 수준이었습니다. 출장 항공권 예약도 혼자 해결하지 못했고, 기본적인 행정 업무도 여러 차례 설명해야만 겨우 익힐 수 있는 수준이었습니다. 다른 정규직 선임이 "3개월 견습 제도가 없냐"라며 내보낼 수 없냐고 인사팀에 문의할 정도였고, 함께 일하기를 거부하는 직원도 나왔습니다.

그럼에도 리더는 경험자와 비정규직 직원들에게 신입 정규직 직원을 도와 일을 익히게 하라고 지시했습니다. 경험자와 동료들은 본인들 업무로도 바쁜 상황에서 신입의 업무를 반복적으로 가르치고, 때로는 대신 처리하기도 했습니다.

리더는 신입에게만은 언제나 온화한 태도로 배려하며 "명문대 출신이고 천천히 성장하고 있다"라며 감쌌습니다. 반면 경험자와 비정규직 직원들에게는 작은 실수에도 소리를 지르고 심하게 질책했습니다. 경험자와 동료들은 회식 자리에서 술기운을 빌려 리더에게 이 상황을 이야기했지만, 리더는 "그 사람 ○○대 출신이다"라며 태도를 바꾸지 않았습니다.

### E. 경험자의 대응

경험자와 다른 무기계약직 직원들은 리더의 차별적인 태도에 큰 자괴감을 느꼈습니다. 그러나 고용 형태의 한계 때문에 공식적으로 문제를 제기할 수 없었습니다. 무기계약직이라는 위치에서 승진 기회도, 발언권도 한정되어 있었고, 부서장의 평가에 직접적으로 영향을 받는 상황에서 강하게 말하기 어려웠습니다.

### F. 조직 내부의 대응

조직은 고용 형태와 학벌에 따른 이중적인 기준을 방관했습니다. 정규직과 무기계약직은 평가 체계가 아예 분리되어 있었고, 리더의 차별적인 언행에 대한 내부 통제 장치도 거의 작동하지 않았습니다. 비정규직 전환 과정에서도 일부 직원만 무기계약직으로 전환하겠다는 방침이 발표되었는데, 설명회조차 당사자인 비정규직이 아니라 정규직 대상으로 진행되었습니다.

### G. 리더의 반응

리더는 정규직 신입에게는 끊임없이 배려와 기대를 보였고, 학벌과 출신을 이유로 업무 실적과 무관하게 두둔했습니다. 반면 무기계약직이나 비정규직 직원들에게는 사소한 실수에도 강하게 질책하며 높은 기준을 요구했습니다. 비정규직들 일부가 정규직 전환 대상에서 제외되자, "애초에 너희들(비정규직)이랑 우리(정규직)는 다르지 않냐"라는 발언을 하며 상처를 주기도 했습니다.

### H. 경험자 및 주변인에게 남겨진 영향

경험자는 자부심을 잃고, "열심히 해 봐야 명문대 출신이 아니면 소용없고, 정규직이 아니면 인정받지 못한다"라는 체념을 느꼈습니다. 신입 정규직의 업무를 대신 떠맡는 부담감까지 겹쳐 큰 피로감을 호소했습니다. 다른 동료들도 마찬가지로 좌절감과 소외감을 겪고 있었습니다.

### I. 시사점

이 사례는 고용 형태와 학벌을 기준으로 한 리더의 차별적 태도가 조직의 신뢰와 자발성을 얼마나 무너뜨리는지를 보여 줍니다. 같은 조직 안에서 누군가는 관대함과 기회를 받고, 누군가는 작은 실수에도 과도한 비난을 받는 현실에서 직원들은 자발성을 잃고 무력해집니다. 리더는 단순히 계약서상의 직위만 볼 것이 아니라, 실제로 조직의 무게를 지탱하고 있는 사람이 누구인지, 누가 실질적으로 일하고 있는지를 직시해야 합니다. 이 책임을 외면하는 리더 밑에서는 성실한 직원들이 먼저 지치고 떠날 수밖에 없습니다.

### 그림자 49 같이 술도 마셔 줘야 내 사람 되는 거야.

"제가 팀에서 유일한 여자 직원이었어요. 매일 퇴근 시간만 되면 부서장님이 남자 직원 몇 명을 불러서 같이 술 마시러 가자고 했어요. 거부할 수 있는 분위기도 아니었고요. … 아마 그 술자리에서 업무 얘기도 많이 했던 것 같아요. 같이 술 마시는 남자 직원들은 실적도 쌓고, 일도 많이 배우는데, 저는 계속 배제됐어요."(경험자, 여성)

조직 내에서 기회는 주어지는 건 공식적인 절차를 통해서만이 아닙니다. 종종 비공식적인 관계 속에서 만들어지기도 합니다. 특히 리더가 사적인 친분을 기반으로 업무 기회를 나누기 시작하면 누구는 성장하고 누구는 소외되는 구조가 형성됩니다. 이 사례는 술자리를 중심으로 사적 유대를 쌓아 가며 남성 중심의 폐쇄적 네트워크를 만들고, 여성 직원을 조직 속에서 고립시키는 리더의 차별적 태도를 보여 줍니다.

**A. 사례자:** 경험자/목격자

**B. 경험자:** 20대 여성, 네덜란드 국적, 네덜란드 현지에 진출한 한국 기업에 근무

**C. 리더:** 40대 후반 남성, 한국 본사에서 파견된 한국인 부서장

**D. 발생한 사건과 배경**

경험자는 대학 졸업 후 네덜란드 현지에 진출한 한국 기업에 채용되어 근무하게 되었습니다. 팀 내 유일한 여성 직원이었고, 다른 동료들은 대부분 한국인 파견 직원과 현지 남성 직원들이었습니다.

부서장은 매일 퇴근 무렵 남성 직원 중 몇 명을 정해 술자리에 부르곤 했습니다. 한국인 직원이든 현지 국적 직원이든 가리지 않았으나, 선택된 남성 직원들은 사실상 거절할 수 없는 분위기였고 늘 참석해야 했습니다. 이 술자리는 업무 논의와 기회 배분의 비공식적인 공간이기도 했습니다. 술자리에 참석한 남성 직원들은 부서장과 가깝게 지내며 신뢰를 얻었고, 중요한 프로젝트와 실적 기회도 우선 배정받았습니다. 또

한 부서장의 코칭과 지원도 집중적으로 받을 수 있었습니다.

경험자는 여성이라는 이유로 한 번도 이런 술자리에 초대받은 적이 없었습니다. 부서장은 아예 경험자를 술자리에서 배제했고, 주요 프로젝트나 업무 기회에서도 소외시켰습니다. 동료 남성 직원들과도 점점 거리감이 생겼고, 경험자는 조직 내에서 "투명한 사람"처럼 존재하는 느낌을 받게 되었습니다.

### E. 경험자의 대응

경험자는 차별적 대우를 인지했지만, 선뜻 그에 대한 문제 제기를 하지 못했습니다. 팀 내에서 유일한 여성 직원이었기 때문에 문제를 제기해도 지지해 줄 사람이 없다고 느꼈기 때문입니다. 스스로를 보호하기 위해 침묵 속에서 제한된 업무만 하며 근무할 수밖에 없었습니다.

### F. 조직 내부의 대응

조직 내에는 사적 유대와 비공식적인 모임을 통한 기회 배분을 감시하거나 통제할 제도적 장치가 마련되어 있지 않았습니다. 리더가 개인적 친분을 중심으로 인사와 기회를 배분하며 권한을 남용하는 일이 방치되었고, 성별에 따른 기회 차별은 은연중에 조직 내에 고착화되어 있었습니다.

### G. 리더의 반응

리더는 경험자를 술자리에서 철저히 배제하며 차별적인 태도를 보였습니다. 겉으로는 "팀워크를 중시한다"라는 말을 하면서도 실제로는 술자리를 통해 친분을 쌓은 남성 직원들에게만 실적 기회와 업무 지원을 몰아주었습니다. 경험자의 역량을 끌어 주거나 성장 기회를 제공하려는 노력은 전혀 없었습니다.

**H. 경험자 및 주변인에게 남겨진 영향**

경험자는 점점 주요 업무에서 소외되고 성장할 기회를 잃는 느낌을 받았습니다. 리더와의 심리적 거리뿐 아니라 동료 남성 직원들과의 거리도 멀어졌고, "나는 팀 안에서 투명한 존재 같다"라는 박탈감을 느꼈습니다.

다른 남성 직원들도 이러한 상황을 알고 있었지만, 술자리가 실질적으로 유리한 기회를 제공하고 있었기 때문에 문제를 제기하려 하지 않았습니다.

**I. 시사점**

이 사례는 공식적인 규정이 아닌 "관계 중심의 은근한 배제"가 어떻게 조직 내 기회의 불평등을 초래하는지를 보여 줍니다. 리더가 사적인 친분이나 술자리와 같은 비업무적 네트워크를 통해 기회를 나누기 시작하면, 조직의 신뢰는 서서히 무너지고 "목소리를 내도 기회는 주어지지 않는다"라는 체념이 자리 잡게 됩니다. 리더라면 성별이나 사적인 관계가 아니라, 직원의 역량과 잠재력을 기준으로 공정하게 기회를 배분해야 합니다. 조직이 리더의 이런 권한 남용을 방치한다면 성실히 일하던 직원들이 먼저 지쳐 떠나게 됩니다.

**그림자 50** 출신 대학이 좀 그래서.

"저는 다른 분들처럼 명문대를 나오진 않았어요. … 성과도 많이 냈고, 덕분에 회사도 많은 이익을 봤습니다. 그런데 중요한 자리가 결정될 때마다 저는 늘 제외됐어요."(경험자, 여성)

조직에서 실적은 곧 신뢰의 기반이 되어야 합니다. 누군가 성실하게 성과를 쌓아 왔고, 그로 인해 조직이 성장했다면 그 사람은 더 큰 자리와 책임을 맡을 자격이 있습니다. 하지만 일부 조직에서는 보이지 않는 출신 배경과 학벌의 벽이 여전히 존재합니다. 이 사례는 직원의 실적과 성과는 회사를 위해 활용하면서도, 정작 출신 배경을 이유로 그 직원을 중책에서 배제하는 조직의 차별적 태도를 보여 주는 이야기입니다.

A. **사례자:** 경험자/목격자

B. **경험자:** 50대 여성, 상급 관리자, 실적 중심으로 성장해 온 직원

C. **리더:** 50대 남성 및 여성 복수, 사용자 및 경험자와 직급이 비슷한 중상급 관리자들

D. **발생한 사건과 배경**
경험자는 이름이 잘 알려져 있지 않은 대학을 졸업했습니다. 같은 조직 내 다른 관리자들은 대부분 명문대 출신이었고, 경험자는 입사 초기부터 학벌로 인한 차별적인 분위기를 느껴야 했습니다. 그럼에도 경험자는 대학의 이름과 무관하게 묵묵히 조직을 위해 헌신하며 수년간 주요

프로젝트를 이끌었습니다. 경험자의 손을 거쳐 조직은 수많은 위기를 극복했고, 상당한 이익을 창출했습니다.

하지만 승진이나 중요 보직을 결정하는 순간마다 경험자는 보이지 않는 벽에 부딪혔습니다. 공식적으로는 "능력 문제가 아니다"라고 말하면서도, 실제로는 늘 한 발 뒤로 물러서야 했습니다. 경험자의 성과와 실적은 회사 홍보나 내부 보고서에서 늘 자랑거리로 활용되었지만, 정작 그 성과의 주인인 경험자에게는 중책을 맡길 기회가 주어지지 않았습니다.

### E. 경험자의 대응

경험자는 오랫동안 묵묵히 노력하며 자신의 역량을 증명하려고 했습니다. 그러나 아무리 성과를 내도 출신 배경으로 인한 벽이 쉽게 허물어지지 않는다는 현실을 깨달았고, 더 이상 조직에 머물 이유를 찾지 못해 이직을 결심했습니다.

### F. 조직 내부의 대응

조직은 경험자의 역량과 실적은 적극 활용하면서도, 인사 및 중책 결정에서는 '출신 배경을 고려하는 문화'를 유지했습니다. 명문대 출신 중심의 인맥과 네트워크가 여전히 인사 결정에 영향력을 미쳤고, 이 문화에 대해 공개적으로 문제를 제기하는 목소리는 거의 없었습니다. 특정 대학 출신이 선배들의 도움을 얻어 빠르게 승진했고, 다른 대학 출신은 그 이상으로 일해도 인정받지 못했습니다.

## G. 리더의 반응

리더들은 경험자에 대해 "성실하고 실적이 우수하다"라고 평가하면서도, 중요한 보직이나 승진 기회가 올 때마다 "다음 기회가 있을 것이다"라는 말로 경험자를 배제했습니다. 경험자를 열심히 일하는 직원으로는 인정했지만, 더 큰 책임을 맡길 사람으로는 생각하지 않았습니다.

## H. 경험자 및 주변인에게 남겨진 영향

경험자는 자신의 성과가 조직에 큰 기여를 했음에도, 그것이 개인의 기회로 이어지지 않는 현실에 깊은 좌절과 허탈감을 느꼈습니다. 주변 동료들도 이런 현실을 알고 있었지만, 오랜 관행과 조직의 분위기 탓에 문제를 공개적으로 지적할 수 있는 사람은 없었습니다.
경험자는 실력을 인정받아 다른 조직으로 이직했지만, 이전 직장에서 받은 상처는 여전히 남아 있었습니다.

## I. 시사점

우리나라에서 모 대학을 나온 프리미엄은 미국에서 하버드를 나온 것보다 훨씬 크다는 말이 있습니다. 반대로 그런 대학을 졸업하지 않으면 소외되기도 합니다. 조직 내 학벌 중심 문화가 그만큼 집요하게 성과와 능력을 억누를 수 있는 것입니다. 직원의 성실함과 실적이 조직을 성장시킨다면, 그만큼 그 직원에게 기회와 책임이 돌아가야 합니다. 그러나 성과보다 출신 대학이 여전히 중책 인사의 기준이 되는 조직은 유능하고 헌신적인 직원을 잃게 됩니다.
리더는 직원의 출신이 아니라 업무 역량과 책임감을 기준으로 평가하고 기회를 주어야 합니다. 학벌 중심의 조직은 같은 대학 출신들끼리

기득권을 형성하고, 새로운 관점을 가진 사람들이 그 틈을 뚫고 들어가기 어렵게 됩니다. 이는 조직의 발전을 가로막는 큰 장애물이 될 수밖에 없습니다.

# X

## ○○ 있는 리더의 9가지 빛

지금까지 우리는 효율이 없는 리더, 객관성이 없는 리더, 공정하지 않은 리더, 신의를 저버리는 리더 등 여러 가지 그림자를 살펴봤습니다. 이렇듯 그림자에 가려진 조직에서 직원들이 괴로움을 겪는 현실을 확인해 왔습니다.

하지만 모든 조직이 그렇게 어둡기만 한 것은 아닙니다. 분명히 좋은 리더들도 존재합니다. 그들의 존재가 조직을 살리고 사람을 성장시키며, 함께 일하고 싶은 공간을 만들어 냅니다. 좋은 리더는 특별한 재능으로 만들어지지 않습니다. 그들은 아주 작은 원칙을 꾸준히 지키는 사람들입니다. 사람을 존중하고, 성과를 공정하게 나누며, 자신도 부족할 수 있음을 인정하고, 끝까지 책임지는 태도를 가진 사람들입니다. 이런 기본이 흔들리지 않을 때, 조직은 자율과 신뢰 위에 서서히 뿌리내립니다. 이제부터 우리는 '좋은 리더의 9가지 빛'을 살펴보려 합니다. 각 소양은 다른 조각처럼 보이지만, 이 조각들이 모두 모이고, 그 이상이 더해져야 진정한 리더십이 완성될 수 있습니다.

**빛1 효율 있는 리더: 떠날 사람이니까 후환이 두렵지 않습니다.**

"경영진 앞에서 (상사가) 업무를 어떻게 바꿔야 하는지 조목조목 설명할 때 정말 놀랐어요. … 처음엔 관리자들이 반발했지만, (상사가) 하나하나 논리로 설득하면서 모두가 받아들였어요. 지금은 일도 훨씬 깔끔해졌고, 저희 실적도 더 좋아졌어요."(경험자, 여성)

조직이 처음 설립된 이후 시간이 흐르면서 불필요한 절차와 관행이 쌓이기 마련입니다. 그리고 많은 리더들은 그걸 바꾸기를 두려워합니다. 자신이 책임져야 하기 때문입니다. 하지만 효율 있는 리더는 두려움 없이 구조를 바라보고 조직의 본질적 목표에 집중하도록 만들어 갑니다. 이 사례는 자기 보신을 생각하지 않은 효율적 리더십이 조직을 어떻게 바꿔 놓을 수 있는지를 보여 줍니다.

**A. 사례자:** 경험자/목격자

**B. 경험자:** 30대 여성 정규직, 입사 6년 차

**C. 리더:** 40대 남성, 리더급 계약직, 임기 만료까지 약 1년 남은 상태

**D. 발생한 사건과 배경**

경험자가 근무하던 조직은 오랫동안 별 탈 없이 운영되어 왔지만, 그만큼 불필요한 보고 체계, 반복되는 검토 절차, 생산성과 무관한 업무들이 누적되어 있었습니다. 계약직으로 입사한 리더는 이러한 비효율을 문제로 인식하고 경영진 회의에서 하나하나 구체적으로 지적했습니다. 그는 보고 방식, 결재 라인, 중복 절차, 불필요한 대면 회의 등 관행적으로 유지되어 온 업무처리 방식들을 과감히 손볼 필요가 있다고 제안했습니다.

경영진은 원칙적으로 그의 의견에 동의했지만, 중간 관리자들은 크게 반발했습니다. "지금까지 잘해 왔는데 왜 바꾸느냐"라는 반응이 많았습니다. 그러나 리더는 실질적인 시간 소요, 산출물의 활용도, 고객 만족도 등 수치를 근거로 들며 논리적으로 설득해 나갔습니다.

조직은 리더의 주도로 과감한 업무 재편에 착수했습니다. 불필요한 업무가 대폭 줄고, 생산성에 직접 기여하는 일에 집중할 수 있도록 업무

구조가 바뀌었습니다. 처음에는 반대하던 직원들마저도 새 체계를 경험하고 나니 "이게 훨씬 낫다"라고 평가했습니다. 업무량은 줄었지만 성과는 오히려 더 높아졌습니다.

경영진과 경험자, 리더가 함께한 자리에서 경영진이 물었습니다.
"너는 곧 떠날 사람인데 왜 이렇게 적극적으로 회사를 바꾸는 거냐."
그때 리더는 이렇게 답했습니다.
"떠날 사람이기 때문에 후환을 두려워하지 않고 이렇게 바꿔 나갈 수 있는 겁니다."

### E. 경험자의 반응

경험자는 리더의 방식을 적극 환영했습니다. 업무량은 줄었지만 실적은 더 좋아졌고, "관행은 어쩔 수 없다"라고 생각했던 부분들이 바뀌는 것을 직접 보며 조직 변화가 가능하다는 것을 실감했습니다.

### F. 조직 내부의 반응

경영진은 리더의 개선안을 적극 수용했습니다. 처음에는 반발했던 중간 관리자들도 변화된 업무 환경의 효율성을 체감하면서 수용하게 되었습니다. 조직 전체의 업무 효율성과 실적이 개선되었고, 성과 중심의 문화가 더욱 명확해졌습니다.

### G. 리더의 반응

리더는 외부 출신으로 기존 조직문화에 매몰되지 않은 상태에서 문제를 객관적으로 진단하고 개선을 주도했습니다. "후환을 두려워하지 않는다"라는 발언처럼 개인의 이해관계나 내부 정치보다 조직의 본질적

효율성을 우선시했습니다.

### H. 경험자 및 주변인에게 남겨진 영향

경험자는 조직도, 관행도 바뀔 수 있다는 것을 깨닫고 본인의 업무 방식과 문제 해결 태도에도 긍정적인 영향을 받았습니다. 다른 동료들 역시 처음에는 부담스러워했지만, 시간이 지날수록 변화의 효과를 실감하며 만족감을 보였습니다.

### I. 시사점

이 사례는 효율 있는 리더가 관행을 깨고 본질로 돌아가 조직을 바꿔 내는 과정을 보여 줍니다. 기존 방식을 무조건 답습하지 않고, "이 일이 회사 성과에 진짜 도움이 되는가?"라는 질문을 던지는 태도가 조직을 새롭게 만듭니다.

본 사례는 퇴사 예정인 리더가 이런 리더십을 발휘한 경우를 담았습니다. 하지만 유사한 다른 사례에서는 정규직인 리더가 동료들이 만족하며 일했으면 좋겠다며 상부를 설득하여 이와 같은 혁신을 추진한 경우도 있었습니다.

리더는 관행이라며 그저 수용하는 것이 아니라, 불필요한 일을 걷어 내고 사람들의 시간과 역량이 진짜 필요한 곳에 집중될 수 있도록 설계하는 사람이어야 합니다. 그것이 조직을 건강하게 오래 가게 만드는 리더십입니다.

**빛2 성찰 있는 리더:**
**내가 부족한 부분은 여러분의 강점으로 채워 주세요.**

*"새로 부임한 팀장님이 우리한테 자기 부족한 부분을 채워 달라고 하시는데… 진짜였어요. 회의 때마다 제 장점을 살려서 업무를 맡겨 주셨고, 칭찬도 아낌없이 해 주셨어요. 그래서 더 열심히 하게 되더라고요."(경험자, 여성)*

리더로서 자신의 부족함을 인정한다는 것은 쉬운 일이 아닙니다. 특히 새로 부임한 리더라면 더욱 그렇습니다. 성찰할 줄 아는 리더는 자신이 모든 걸 완벽히 알 수 없다는 걸 인정합니다. 덕분에 직원의 강점을 믿고 활용하는 사람이 될 수 있습니다. 밑도 끝도 없이 자신의 약점을 드러내라는 의미가 아닙니다. 리더와 직원이 서로의 부족함을 채워 주며 상부상조할 수 있음을 깨닫고 느끼게 하는 것입니다.

**A. 사례자:** 경험자/목격자

**B. 경험자:** 20대 여성, 신입사원

**C. 리더:** 30대 중후반 여성, 관리직, 새로 부임한 부서장

**D. 발생한 사건과 배경**
경험자가 근무하는 부서에 새로 부임한 리더는 부임 전부터 조직의 업무 흐름과 인적 구성을 파악하려고 노력한 사람이었습니다. 부임 첫날, 리더는 직원들 앞에서 이렇게 말했다고 합니다. "여러분의 강점으로 제

가 부족한 부분을 도와주세요. 저는 여러분의 강점을 살릴 수 있도록 노력하겠습니다."

처음 경험자는 이 말을 단순히 좋은 인사말 정도로 들었습니다. 하지만 실제로 업무가 시작되면서 리더의 태도는 달랐습니다. 회의 때마다 리더는 팀원들의 의견을 경청했고, 특히 경험자의 업무 스타일과 강점을 빠르게 파악하여 경험자에게 적합한 업무를 배정했습니다.

경험자가 낸 아이디어에 대해서도 "그런 시각이 저에게 부족했는데 고맙다.", "○○ 님은 이런 부분에 감각이 좋은 것 같다"라며 구체적인 피드백과 칭찬을 아끼지 않았습니다. 이러한 인정은 신입사원이었던 경험자에게 큰 자신감을 심어 주었고, 더 열정적으로 아이디어를 내고 문제를 해결하려는 의욕을 불러일으켰습니다.

리더는 부서 전체에도 "우리는 서로의 빈 곳을 채워 주는 팀이어야 한다"라고 강조했습니다. 그 결과, 평소 의견 개진이 소극적이던 직원들이나 개인주의적이었던 직원들도 조금씩 자신의 의견을 내고 서로를 보완하며 협력하는 분위기가 만들어졌습니다. 성과 역시 눈에 띄게 향상되었습니다.

### E. 경험자의 반응

경험자는 리더의 신뢰와 인정 속에서 빠르게 성장할 수 있는 기회를 얻었습니다. 자신의 의견이 존중받는다는 확신이 커지면서 이전보다 적극적으로 의견을 제시하고 도전적인 과제에도 자원하게 되었습니다.

### F. 조직 내부의 반응

조직 내에서도 리더의 부임 이후 팀 분위기가 달라졌다는 평가가 많았습니다. 직원 각자의 장점이 발휘되면서 부서 간 협업도 활발해졌고, 팀원 간의 신뢰 수준이 높아졌습니다. 사내에서 모범 사례로 주목받으면서 리더에게 표창장과 포상이 주어졌습니다.

### G. 리더의 반응
리더는 자신이 모든 것을 다 알고 있다는 듯 행동하지 않았습니다. 스스로의 부족함을 인정하고, 직원들이 그 부분을 채워 줄 때마다 구체적이고 진심 어린 피드백과 칭찬을 전했습니다. 월례 조회에서 표창장을 받을 때도 공을 팀원들에게 돌렸고, 상금 역시 팀원들에게 나눠 주었습니다.

### H. 경험자 및 주변인에게 남겨진 영향
경험자는 짧은 시간 안에 스스로가 성장하고 있다는 자신감을 얻었습니다. 다른 팀원들 역시 서로를 존중하고 인정하는 분위기에서 협력의 가치를 체득할 수 있었습니다. 리더와 팀원 간의 신뢰가 자연스럽게 쌓였고, 부서 전체의 안정감과 성과가 함께 높아졌습니다.

### I. 시사점
이 사례는 성찰 있는 리더가 어떻게 팀 전체의 역량을 끌어올리는지를 보여 줍니다. 성찰할 줄 아는 리더는 자기 자신을 잘 살필 뿐만 아니라 다른 사람도 잘 살핍니다. 그렇게 파악한 각각의 장점과 강점을 적절히 활용할 줄 압니다.
리더는 완벽할 필요가 없습니다. 내가 부족할 수 있음을 인정하고, 직원의 강점을 존중하는 태도가 오히려 더 강한 팀을 만듭니다.

한 사람이 아무리 유능해도 혼자 채울 수 있는 부분은 한정적입니다. "내가 다 해야 한다"라는 생각이 아니라 "내가 채우지 못하는 부분을 다른 이의 강점으로 채우자"라는 리더십이 조직의 자발성과 성장 동력을 끌어낼 수 있습니다. 또한 리더가 직원의 강점을 살려 업무를 맡기고, 그 성과를 인정해 주는 것이야말로 리더의 가장 중요한 역할임을 다시금 일깨워 줍니다.

본 사례는 성찰을 주제로 분류되었지만, 이처럼 각자의 강점을 파악해 배치하는 것은 리더의 높은 인력 활용 역량을 잘 보여 주기도 합니다. 직원의 특성을 잘 파악하고 적재적소에 배치할 수 있는 통찰 역시 성찰이 뒷받침되어야 가능한 일입니다.

다만 이번 사례는 성찰적 태도 중심의 이야기였기에, 다른 사례에서 인력 활용 역량을 중점적으로 살펴볼 필요가 있습니다. 바로 다음 사례의 이야기입니다.

### 빛3 인력 활용 역량 있는 리더: 회사 걱정 말고 아이 잘 챙기세요.

"회사에서 육아휴직 쓰는 거나 아이 때문에 휴가 써도 눈치를 안 줘요. 사장님이 항상 '회사 걱정 말고 아이 잘 챙기라'고 해 주세요. 대신 일하는 시간 동안은 우리도 엄청 집중하게 돼요. 우리 회사 절대 망하면 안 되니까."(경험자, 여성)

조직을 운영하는 리더가 가장 어려워하는 일 중 하나는 '사람을 어떻게 배치하고 관리할 것인가'입니다. 이런 역량을 인력 활용 역량이라고 부릅니다. 인력 활용 역량 있는 리더는 단순히 누가 얼마나 오래 일할 수 있느냐만을 따지지 않습니다. 야근하는 직원이 일 잘하는 직원이라고 착각하지도 않습니다.

인력 활용 역량 있는 리더는 사람이 일과 삶의 균형을 갖춘 상태에서 최상의 성과를 낼 수 있는 구조를 만들어 내는 사람입니다. 이 사례는 그런 인력 활용 역량이 어떻게 조직 전체를 건강하게 바꿀 수 있는지를 보여 줍니다.

**A. 사례자:** 경험자/목격자

**B. 경험자:** 30대 여성, 4-5년 차 정규직, 육아휴직 경험 있음

**C. 리더:** 40대 남성, 회사 사장

**D. 발생한 사건과 배경**

리더는 회사의 장기적인 지속 가능성을 위해 여성친화적 조직문화를 구축하겠다는 목표를 세웠습니다. 전 직원에게 육아휴직 사용을 적극 권장했고, 하루 근무 시간 중 10시부터 4시까지를 코어타임으로 설정했습니다.

리더는 '휴직자가 생길 때마다 급히 신규 인력을 충원하는 방식'은 한계가 있다고 판단하고, 회사가 감당할 수 있는 범위 내에서 충분한 예비 인력을 미리 확보했습니다. 단순히 인력만 늘린 것이 아니라 각 직원의 성과를 공정하고 체계적으로 관리할 수 있는 관리 시스템도 함께 도입했습니다. 부서원들이 맡은 업무별로 성과에 따른 합리적인 보상 체계를 운영하며 열심히 일하는 직원은 그만큼 인정받을 수 있도록 설계했습니다.

### E. 경험자의 반응

경험자는 출산과 육아로 인한 부담에도 불구하고 회사 안에서 심리적 안정감을 유지하며 커리어를 지속할 수 있었습니다. 육아휴직 후 복귀하는 과정도 원활했고, 회사에 대한 소속감과 충성심이 자연스럽게 커졌습니다.

### F. 조직 내부의 반응

조직 전체가 리더의 제도와 문화에 긍정적으로 적응했습니다. 남녀 할 것 없이 육아휴직을 자유롭게 쓰는 문화가 자연스럽게 자리 잡았고, 큰 업무 공백 없이 협업 구조가 유지되었습니다. 성과 관리는 철저하게 이뤄졌지만, '누구나 성과 낼 수 있는 환경'이 마련되었다는 점에서 직원 만족도가 높았습니다.

### G. 리더의 반응

리더는 처음부터 "조직이 사람을 버텨 주는 구조여야 한다"라는 철학을 일관되게 유지했습니다. 개인의 사정을 배려하는 동시에 성과 기준을 명확히 관리함으로써 "회사의 배려를 받는 만큼, 일할 땐 집중하자"라는 건강한 긴장감과 균형을 만들어 냈습니다.

### H. 경험자 및 주변인에게 남겨진 영향

경험자를 포함한 여러 직원은 회사에 대한 신뢰가 커졌습니다. '회사가 내 삶을 존중해 준다'는 감각이 자발적인 업무 몰입으로 이어졌습니다. 직원들은 '우리 회사는 절대 망하면 안 된다'는 책임감을 공유하며 근무시간에는 최대한 일에 집중하는 문화를 만들어 갔습니다.

## I. 시사점

이 사례는 인력 활용 역량 있는 리더가 어떻게 사람과 제도를 조화롭게 관리하는지를 보여 줍니다. 일과 삶의 균형을 보장하면서도 성과 관리를 소홀히 하지 않는 구조는 조직의 건강성과 성과를 동시에 끌어올릴 수 있습니다. '누구에게 기회를 줄 것인가'만 고민하는 게 아니라, '누구나 일할 수 있는 환경을 어떻게 만들 것인가'를 고민하는 것이 한층 더 수준 높은 인력 활용 역량의 시작입니다.

### 빛4 책임감 있는 리더: 그 책임은 제가 지겠습니다.

*"(다른 선임이 저지른 실수를 뒤집어쓰게 된 상황) 너무 무서워서 울었는데, 그때 (리더가) 저한테 밥 사 주시면서 위로해 주셨어요. … 인사팀에 그 일은 업무 지시 잘못한 본인 책임이라면서 징계 있으면 받겠다고 하셨고요."(경험자, 여성)*

조직 내에서 문제가 생겼을 때 책임을 누구에게 지울 것인가에 대한 논의가 종종 벌어집니다. 갈등 회피성과 책임 회피성이 강한 우리나라의 조직은 종종 그 과정에서 가장 만만한 사람에게 책임을 돌리곤 합니다. 그걸 '조직을 위한 희생'이라고 포장하죠.

하지만 책임감 있는 리더는 그 순간에 절대 뒤로 숨지 않습니다. 자신의 팀원, 특히 가장 어린 직원이 부당하게 희생되는 것을 보고 침묵하지 않습니다. 이 사례는 그런 리더십이 조직 직원에게 얼마나 큰 신뢰와 안도감을 줄 수 있는지를 보여 줍니다.

**A. 사례자:** 경험자/목격자

**B. 경험자:** 30대 여성, 입사 후 약 10년 차, 현재 대리급

**C. 리더:** 50대 남성, 경험자 입사 초기부터 소속 부서의 부서장

**D. 발생한 사건과 배경**

리더는 경험자가 입사한 뒤 처음 배속된 부서의 부서장이었습니다. 그는 강한 추진력으로 회사 내 다양한 변화를 주도하던 사람이었고, 회사에서 핵심 인력으로 손꼽혔습니다. 경험자는 리더와 함께 일하며 실무를 익히고, 그 리더의 리듬에 맞춰 빠르게 성장해 나갔습니다.

그러다 중대한 업무 실수가 발생했습니다. 경험자의 업무도 어느 정도 관련 있긴 했으나, 실제 문제를 일으킨 주된 인물은 선임이었습니다. 하지만 회사 인사부서는 당시 막내였던 경험자에게 책임을 묻는 쪽으로 사안을 정리하려 했습니다. 신입이니까 반발도 적을 것이고, 가장 손쉽게 처리할 수 있는 대상이었기 때문입니다. 실제로 당시 경험자는 이럴 때, 노조에 찾아가서 도움을 청하는 방법도 있다는 걸 전혀 알지 못했습니다.

인사팀에서 징계 위원회까지 언급하며 압박을 주자 경험자는 '해고될지도 모른다'는 불안과 두려움에 눈물을 흘렸습니다. 그 모습을 본 리더는 경험자에게 밥을 사 주며 "회사에서 일하다 보면, 이런 일도 저런 일도 생긴다. 너무 겁내지 마" 하고 말했습니다. 그 말은 위로였고, 보호의 신호였습니다.

이후 리더는 직접 인사부서장에게 "책임은 업무 지시를 제대로 하지

못한 나한테 있으니, 징계가 필요하면 내가 받겠다"라고 말했습니다. 인사팀장은 직급과 경력이 리더보다 낮았고, 리더의 단호한 태도 앞에서 쩔쩔맸습니다. 핵심 인력인 리더에게 징계를 줄 수 없었던 회사는 간단한 사유서 제출을 요구하는 것으로 사건을 마무리했습니다. 덕분에 경험자는 해고는커녕 아무런 불이익도 없이 그대로 근무를 이어 갈 수 있었습니다.

이후 리더는 문제의 주범인 선임을 따로 불러 "신입 뒤에 숨지 마라. 선임이라면 신입을 보호하고 책임지는 게 당연한 거다"라며 단호하게 질책했습니다.

### E. 경험자의 반응

경험자는 문제의 사건이 발생한 직후 해고될 수도 있다는 두려움에 휩싸였지만, 리더의 보호와 중재 덕분에 안전하게 위기를 넘길 수 있었습니다. 이후 리더에 대한 신뢰가 깊어졌고, 자신도 언젠가 누군가를 이렇게 지켜주는 리더가 되고 싶다고 느끼게 되었습니다.

### F. 조직 내부의 반응

인사부서는 리더의 강경한 태도에 위축되어 사실상 리더의 제안을 수용하는 방식으로 사건을 정리했습니다. 조직 차원에서는 문제의 진짜 책임을 묻는 데는 실패했지만, 경험자에 대한 부당한 징계는 막을 수 있었습니다.

### G. 리더의 반응

리더는 끝까지 '책임은 위에서 지는 것'이라는 원칙을 지켰습니다. 문제를 회피하지 않았고, 직원이 억울하게 희생되지 않도록 보호했습니다. 그러면서도 진짜 문제를 일으킨 선임에게는 단호히 잘못을 짚어 주며 리더로서 균형도 지켰습니다. 무조건 책임을 대신 져 주기만 한 것이 아니라, 그 일이 직원의 책임감을 높이는 계기가 되도록 한 것입니다.

### H. 경험자 및 주변인에게 남겨진 영향
경험자는 리더 덕분에 자신감을 잃지 않을 수 있었고, 조직에 대한 안정감도 커졌습니다. 동료들 사이에서도 "우리 팀은 최소한 사람을 쉽게 버리진 않는다"라는 신뢰가 생겼습니다.

### I. 시사점
이 사례는 책임감 있는 리더가 어떻게 한 사람의 커리어를 지켜 낼 수 있는지를 잘 보여 줍니다. 리더의 자리는 단순히 지시만 내리는 자리가 아닙니다. 필요할 때 직원의 방패가 되어 주는 자리이기도 합니다.

입사한 지 얼마 안 된 막내라고 해서 손쉽게 희생양으로 삼는 방식은 조직에 깊은 불신을 남깁니다. 책임은 위에서 지는 것이며, 그걸 행동으로 보여 주는 리더가 있을 때 직원들은 마음 놓고 용기 있게 일할 수 있습니다. 회사는 이렇게 책임감 있는 리더의 뜻을 존중하고, 그런 리더가 조직의 귀중한 자산임을 알아보아야 합니다. 책임을 회피하고 보신만 꾀하는 이들이 리더 자리에 앉는 조직은 미래를 기대하기 어렵습니다.

### 빛5 줏대 있는 리더: 몇십억 프로젝트보다 네가 더 중요해.

"(신입 때 성추행당한 뒤 신고했으나 대표가 눈치를 주는 상황) 딱 한 사람, 선배였던 지금의 대표님이 절 지켜 주셨어요. 나중엔 그분이 절 데리고 새로운 회사를 차리셨어요. … '몇십억짜리 프로젝트보다 네가 훨씬 소중하다'라고 해 주셨어요."(경험자, 여성)

권력자의 눈치를 보고, 눈앞에 아른거리는 돈을 보며 현실과 타협하는 리더들은 많습니다. 그들이 타협해도 대가를 치르는 건 보통 직원이기 때문입니다. 하지만 어떤 리더는 명확한 가치를 기준으로 행동합니다. '조직의 평화'를 내세워서 부당함을 외면하지 않고, 돈이라는 이유로 사람을 희생시키지 않습니다.

**A. 사례자:** 경험자/목격자

**B. 경험자:** 30대 여성, 첫 사건 발생 때는 신입, 현재는 중간 관리자급

**C. 리더:** 50대 여성, 경험자의 첫 직장에서 선임으로 함께했고, 현재는 대표 이사

**D. 발생한 사건과 배경**
경험자는 신입사원 시절, 남성 상사에게 성추행 피해를 입었습니다. 신고했지만 돌아온 건 '덮으라'는 압박이었습니다. 심지어 대표가 전직원 조회에서 "이런 일로 분위기를 어지럽히지 말자"라고 발언했고, 대놓고 경험자를 쳐다보기도 했습니다.

그때 경험자를 끝까지 지켜 준 사람은 지금의 리더였습니다. 회사와 대표의 압박 속에서도 경험자의 편에 섰고, 함께 퇴사하여 새로운 회사를 차리기까지 했습니다.

리더는 대표가 된 뒤에도 가치 기준을 바꾸지 않았습니다. 이런 사례도 있었습니다. 경험자가 외부 고객과의 미팅을 마친 후 같이 노래방에 가자는 부적절한 요구를 받았습니다. 경험자는 두려운 마음에 리더에게 전화를 걸었습니다. 리더는 단 1초의 망설임도 없이 "지금 당장 나와. 그런 고객이면 그 프로젝트는 우린 안 한다"라고 말했습니다. 그 프로젝트는 수십억 원 규모였지만, 리더는 금액보다 중요한 게 사람이라는 점을 명확히 했습니다.

### E. 경험자의 반응

경험자는 처음엔 무력감과 고립 속에서 고통을 겪었지만, 리더의 지지와 결단 덕분에 새로운 기회를 얻었습니다. 지금은 중간 관리자급으로 성장했고, "사람을 지키는 리더 밑에서 일하면 직원도 이렇게 성장할 수 있다"라는 걸 몸으로 체감하게 됐습니다.

### F. 조직 내부의 반응

처음 다녔던 회사는 경험자를 보호하지 않았고, 오히려 경험자의 문제 제기를 탓했습니다. 반면 리더가 새로 설립한 회사는 리더의 줏대 있는 판단 아래 직원이 존중받는 문화를 정착시켰습니다. 또한 업계에서 실력으로 인정받는 사업장이 되었습니다.

### G. 리더의 반응

리더는 어떤 순간에도 돈이나 체면보다 사람을 먼저 두는 태도를 보였습니다. 회사의 평판이나 거래처의 기분을 핑계로 직원의 고통을 외면하지 않았고, 옳다고 믿는 바를 실천으로 보여 줬습니다.

### H. 경험자 및 주변인에게 남겨진 영향

경험자는 리더에게 깊은 신뢰를 갖게 됐고, 같은 가치를 품은 직원들이 모인 조직에서 커다란 안정감을 느끼고 일하게 됐습니다. 리더의 결정이 옳았다는 걸 모두가 체감했고, 자연스럽게 회사는 정직하고 투명한 문화 속에서 성장하게 됐습니다.

회사를 설립한 직후, 성패를 가늠할 수 없는 상황 속에서 리더는 직원들에게 그래도 자신을 따라올 수 있느냐고 물은 적이 있었습니다. 경험자와 동료들은 "밥만 먹여 달라, 안 되면 우리 대표님 집 거실에서 다 같이 합숙하면 되지 않겠냐"라며 오히려 리더를 위로했다고 합니다.

### I. 시사점

이 사례는 돈보다 직원을 먼저 생각하는 리더, 관행보다 가치 기준을 우선하는 리더의 태도가 직원들에게 얼마나 깊은 인상을 남기는지를 보여 줍니다. 조직에 피해를 줄까 봐, 계약이 깨질까 봐, 사람의 고통을 외면하는 일이 반복되면, 조직은 직원의 신뢰를 잃게 됩니다.

반면, '지켜 줄게'라는 말이 말뿐이 아니었을 때 직원은 리더를 따라가게 됩니다. 리더를 믿는 직원과 함께 조직도, 사람도 더 단단해지게 됩니다.

### 빛6 존중 있는 리더: 우리 직원 한 사람 한 사람이 회사의 얼굴입니다.

"대표님은 모든 직원 이름을 외우세요. 현장 돌면서 '○○씨, 전에 손 다친 건 좀 어때요?' 하면서요."(경험자, 남성)

"신입이었던 제가 낸 제안도 진지하게 검토해 주셨어요. 사소한 제안이었는데도 '좋은 시선이다'라고 말씀해 주셔서, 진짜 열심히 해야겠단 마음이 들었어요."(경험자, 여성)

직원은 회사의 일부입니다. 하지만 '일부'라는 말이 누군가에게는 '대체 가능한 톱니바퀴'로 받아들여지고, 누군가에게는 '조직을 이끄는 주체'로 인식됩니다. 과거 우리나라에는 전자에 해당하는 리더가 압도적으로 많았습니다. 하지만 점차 직원을 소중하게 여기고, 직원이 회사를 만든다고 생각하는 리더들의 사례가 확인되고 있습니다.

**A. 사례자:** 경험자/목격자

**B. 경험자:** 30대 중간 관리자급 남성과 20대 평사원 여성, 기술 혁신과 조직문화 개선을 담당하는 부서 소속

**C. 리더:** 50대 여성, 회사 대표이사

**D. 발생한 사건과 배경**

경험자들이 근무하는 회사의 대표(리더)는 직원들의 작업환경 개선을 최우선 과제로 삼았습니다. 그를 위해 직접 외부 투자를 유치하고, 대출까지 받아 가며 작업 공정 자동화, 쾌적한 설비 교체, 냉난방 환경

등 다양한 영역에 투자했습니다. 그 변화 덕분에 숙련된 장기 근속자뿐 아니라 갓 입사한 신입사원들까지도 빠르게 적응해 생산성 있는 업무를 할 수 있게 됐습니다.

그 과정에서 대표는 단지 물리적 환경 개선에만 머물지 않았습니다. 직원 한 사람 한 사람의 이름을 외우고, 그들이 하는 말을 경청하고, 가능하면 반영했습니다.

물론, 모든 요구를 들어줄 수는 없었습니다. 하지만 현장 직원들은 자신들의 고충을 단순히 '하소연'으로 치부하지 않고 기억하고 고민해 주는 리더가 있다는 사실만으로 다시 힘을 내어 일할 수 있었습니다.

### E. 경험자의 반응

경험자들은 변화의 중심에서 리더의 태도를 체감하며, 조직 안에서 스스로 더 적극적인 존재가 되었습니다. 단순히 지시받은 일만 수행하는 것이 아니라 '회사와 함께 변화하겠다'는 주인의식을 품게 된 것입니다. 내부 시스템 개선과 현장 기술 도입을 이끌고, 업무 효율화를 위한 아이디어 제안에 앞장섰습니다.

### F. 조직 내부의 반응

직원들도 처음에는 리더의 행보를 낯설어 했습니다. "왜 대표가 매일 현장을 도는가", "일일이 이름을 외울 필요가 있나"라는 반응도 있었지만, 곧 그것이 회사 문화를 바꾸기 위한 대표의 실천이라는 점을 공감하게 되었습니다. 조직 전체가 점차 '직원을 존중하는 리더십'을 기준점으로 삼기 시작했습니다.

### G. 리더의 반응

리더는 본인의 리더십이 특별하다고 말하지 않았습니다. 다만 "직원이 행복해야 회사가 지속가능하다"라는 철학을 실천했고, 그 과정에서 누구든 '익명'으로 존재하지 않도록 노력했습니다. 자신이 떠난 이후에도 그 문화가 회사의 기준선이 되기를 바란다는 의지를 보였습니다.

### H. 경험자 및 주변인에게 남겨진 영향

경험자들은 대표의 태도에서 '내가 이 회사의 일부가 아니라, 중심이구나'라는 기분을 느끼게 되었습니다. 현장 노동자들 사이에서도 리더에 대한 신뢰가 깊어졌습니다. "내 말이 반영될 수 있다"라는 믿음은 자발적 아이디어 제안, 더 높은 업무 집중도로 이어졌습니다. 회사 전반의 조직문화와 성과 모두가 긍정적으로 전환되었습니다.

### I. 시사점

존중은 말로 시작되지만 또한 말로만 끝나선 안 됩니다. 직원을 '직원'이라고만 부르지 않고 이름을 부름으로써 그의 인격을 존중하게 됩니다. 직원의 의견을 듣는 시늉만 하는 것이 아니라 실제로 경청하고 고충을 외면하지 않을 때, 그곳은 '사람을 소중히 여기는 집단'이 됩니다. 존중을 실천한 리더는 사람을 움직이게 하고, 문화를 바꾸며, 성과까지 견인합니다. 직원을 소모품처럼 여기는 조직은 단기간에는 승승장구할지도 모릅니다. 하지만 장기적으로는 직원들 스스로가 조직에 대한 소속감을 상실하고, 조직을 위해 일하지 않게 되면서 점차 경쟁력을 상실하게 됩니다.

### 빛7 양심 있는 리더: 그건 네 아이디어잖아.

"(리더가) 제 생각을 '그거 괜찮네' 해 주시면서 같이 기획서를 만들기 시작했어요. … 기획서에 같이 이름 넣으려고 하니까 '처음 생각한 게 너잖아' 하시더라고요."(경험자, 남성)

누구나 처음에는 어설픕니다. 이때 다가오는 리더의 도움은 고맙기 그지없습니다. 거기에 더해 자신의 기여를 앞세우지 않고, 후배에게 성장할 기회를 넘겨주는 리더를 보면 직원은 그를 신뢰하고, 그를 위해 열심히 일하게 됩니다.

**A. 사례자:** 경험자/목격자

**B. 경험자:** 30대 남성, 입사한 지 5-6년 차, 중간 실무자급 직원

**C. 리더:** 40대 후반 남성, 해당 부서의 부서장

**D. 발생한 사건과 배경**

경험자에게는 신입 시절 막연히 떠오른 기획 아이디어를 구체화하여 제대로 된 기획서로 만든 경험이 있습니다. 혼자 해낸 것은 아닙니다. 리더의 도움 덕분이었습니다.

처음 시작할 때는 어떻게 구체화해야 할지, 기획서를 작성해야 하는 상황에서 막막함을 느꼈습니다. 이를 눈여겨본 리더는 "같이해 보자"라고 이야기하며 경험자의 아이디어를 발전시켜 주었습니다. 경험자의 두서없는 생각을 체계적으로 정리해 주고, 기획서의 전반적인 구성을 손수

다듬었습니다. 사실상 기획안 대부분은 리더의 손을 거쳐 완성된 것이나 다름없었습니다.
경험자는 기획안을 제출하며 리더의 이름을 공동 작성자로 올리겠다고 했습니다. 리더는 "처음 그 생각을 한 게 너니까 네 이름으로 올려야 한다"라고 했습니다.
경험자는 그래도 리더 덕분이라며 이름을 함께 넣고 싶다고 했고, 리더는 "네가 올려 주면 고맙지만, 안 해도 괜찮다"라고 했습니다. 경험자는 리더의 이름도 함께 올려 제출했습니다. 기획안은 회사 내부에서 높은 평가를 받았고, 특히 사장은 경험자의 이름을 기억하게 되었습니다. 이후 경험자는 '기획력 있는 인재'로 주목받으며 더 큰 기회들을 맡게 되었습니다.

### E. 경험자의 반응

경험자는 자신의 아이디어가 조직에 실질적으로 기여할 수 있다는 자신감을 얻게 되었습니다. 리더가 자신의 기여를 내세우지 않고 오히려 경험자에게 공을 돌려 준 일은 깊은 감동으로 남았습니다. 이후 리더와 함께 하는 프로젝트에서 더 큰 책임감과 자발성을 가지고 임하게 되었습니다.

### F. 조직 내부의 반응

사장은 기획안을 높이 평가하며 경험자에게 큰 관심을 보였습니다. 경험자에게는 추가적인 기획 과제와 기회가 주어졌고, 조직 내에서 '성과를 낼 수 있는 사람'이라는 신뢰가 생겼습니다.

### G. 리더의 반응

리더는 본인이 기획서 작성의 상당 부분을 담당했음에도 "처음 생각은 네가 한 것"이라며 후배인 경험자에게 공을 돌렸습니다. 기획안이 회사 내에서 주목받을 때도 "이 친구 아이디어였다"라고 다시 한번 경험자를 전면에 내세웠습니다.

자신이 메인 기획자라고 주장하며 성과를 독차지하고 싶은 유혹이 있을 수 있는 상황에서도, 리더는 양심을 지켰습니다. 리더는 공정하고 정직한 태도로 후배의 성장을 더 중요하게 여겼습니다.

### H. 경험자 및 주변인에게 남겨진 영향

경험자는 리더에 대한 깊은 신뢰를 가지게 되었습니다. 동료들 역시 "그 사람 밑에서 일하면 억울할 일은 없다"라는 인식을 갖게 되었고, 리더의 공을 나누는 태도에 감동했습니다. 리더와 계속 함께 일하고 싶다는 분위기가 부서 내에 형성되었습니다.

### I. 시사점

양심 있는 리더의 행동은 여러 형태가 나올 수 있습니다만, 그중 하나는 공을 공정하게 나누는 것입니다. 조직 안에서 '성과'란 언제나 주목받는 자산입니다. 이름을 얻고 싶어 하는 이들이 많고, 심지어 그것을 만들어 낸 원창작자의 기여를 희미하게 만들고 싶어 하는 리더도 있습니다. 하지만 양심 있는 리더는 아이디어를 낸 사람, 처음 생각한 사람의 몫을 꼭 존중해 줍니다.

본 사례는 신의 있는 리더의 사례로도 볼 수 있습니다. 자신을 신뢰하여 기획 아이디어를 공유한 후배의 아이디어를 빼앗지 않고, 후배가 인정받을 수 있도록 도왔기 때문입니다. 다만 이번 사례는 양심 있는 리더 사례로 분류되었으므로, 신의 있는 리더는 다음 사례에서 별도로 살펴보고자 합니다.

### 빛8 신의 있는 리더: 노력해서 더 좋은 자리로 가야죠.

"처음 입사했을 때 저는 그냥 비정규직이었어요. 제 상사인 분이 저를 열심히 일한다고 칭찬하면서 그러더라고요. 노력해서 더 좋은 직군으로 꼭 가자고요. … 나중에 정말로 제가 더 좋은 곳으로 갈 수 있도록 도와주시려고 했어요."(경험자, 여성)

**A. 사례자:** 경험자/목격자

**B. 경험자:** 20대 여성, 공공기관의 비정규직(지원직)으로 입사한 직원

**C. 리더:** 30대 여성, 중간 관리자, 경험자의 직속 리더로 실무를 지도한 사람

**D. 발생한 사건과 배경**

경험자는 모 공공기관에 비정규직으로 입사해 낮은 연봉을 받으며 보조적인 업무를 맡고 있었습니다. 그럼에도 성실히 일했고, 리더는 그런 경험자의 역량과 태도를 눈여겨봤습니다. 리더는 어느 날 경험자의 업무 태도를 칭찬하며 "우리 노력해서 더 좋은 자리 가 봅시다"라고 말했습니다. 그 말은 격려이자 약속처럼 느껴졌습니다.

그러던 중, 정부가 공공기관에 비정규직의 정규직 전환을 요구하면서도 인건비는 지원하지 않는 상황이 벌어졌습니다. 기관은 인건비를 감당할 수 없다는 이유로 비정규직 다수와 계약을 종료했습니다. 아주 소수만 선별하여 정규직 전환하기로 한 것입니다.

경험자는 아쉽게도 정규직 전환 대상에 들지 못했고, 퇴사하게 되었습니다. 그 과정에서 리더는 "더 나은 자리로 가라"라며 격려했던 말이 허언이 되지 않도록 하려고 노력했습니다. 자신이 가진 인맥과 연락처를 동원해 채용 정보를 수소문했고, 비슷한 분야의 사기업과 공공기관의 채용 정보를 확보했습니다. 리더는 그 정보를 경험자에게 전달했습니다. 경험자가 입사지원서를 작성하는 걸 검토해 주고, 추천서도 작성해 주었습니다. 경험자는 몇몇 기업과 공공기관에 지원한 끝에 정규직으로 채용되었고, 이전보다 훨씬 나은 조건에서 일하게 되었습니다.

### E. 경험자의 반응

경험자는 퇴사 통보를 받고 상실감에 빠졌지만 금방 회복하여 다른 일자리를 찾을 결심을 했습니다. 리더의 소개로 새로운 기회를 얻었고, 그 기회를 자신의 것으로 만들 수 있었습니다.

### F. 조직 내부의 대응

기관은 정부 정책을 이행하면서도 예산 부담을 이유로 비정규직 직원들의 역량이나 공헌도는 제대로 고려하지 않았습니다. 정규직 전환 대상자의 선발 기준도 현장에서 일하는 중간 관리자들의 의견보다는 수치상 효율에만 맞춰졌습니다.

### G. 리더의 반응

리더는 자신이 했던 말을 끝까지 책임지려고 노력했습니다. 내부에서 해결할 수 없을 때 외부의 가능성까지 찾아 나섰습니다. 단순히 "어쩔 수 없다"라는 말로 넘어가지 않았고, 발로 뛰어가며 실질적인 도움을 주려고 했습니다. 덕분에 경험자는 더 좋은 조건의 직장을 얻을 수 있었습니다.

### H. 경험자 및 주변인에게 남겨진 영향

경험자는 "어려운 상황에서 누군가 내 편이 되어 주는 것이 얼마나 큰 힘이 되는지"를 뼈저리게 느꼈습니다. 이 경험은 이후 본인도 후배 직원들에게 신의 있는 사람이 되어야겠다는 마음가짐으로 이어졌습니다.

### I. 시사점

신의 있는 리더는 말의 무게를 아는 사람입니다. 많은 리더가 듣기 좋은 말, 입에 발린 말을 하곤 합니다. "네가 잘하면 도와줄게", "기회가 되면 올려 줄게." 하지만 시간이 지나고 상황이 바뀌면 그 말들은 그냥 공기처럼 흩어집니다.

신의 있는 리더는 다릅니다. 자신이 했던 말을 '그때 그냥 한 말'로 만들지 않기 위해 끝까지 방법을 찾습니다. 도움을 주기 어려운 상황에 부딪히더라도 "그럴 수밖에 없었다"라고 외면하지 않고, 다른 길을 모색하며 발로 뛰어 현실적인 도움을 주려고 노력합니다. 이런 사람이야말로 약속을 지키는 리더입니다. 신의 있는 리더는 본인이 해 줄 수 있는 만큼만 약속하고, 한 말은 반드시 지키기 위해 노력합니다. 그런 리더가 조직 안에서 사람을 움직이고 진짜 신뢰를 만들어 냅니다.

### 빛9 공정성 있는 리더: 조직은 실력으로 세워져야 합니다.

"대표님이 선배 교수들에게 계속 연락을 받는 걸 봤어요. '이번 채용에 우리 제자 하나 넣어 달라'는 식이었죠. 그런데 대표님은 그 부탁을 하나도 들어주지 않았어요. … 채용 절차에 역량평가 시험을 추가하셨어요. 시험을 보게 했고, 떨어지면 그걸로 끝이라고 선을 그었죠. 그분이 대표일 때, 채용된 사람들은 다 실력 있는 사람들이었어요."(목격자, 여성)

**A. 사례자:** 경험자/목격자

**B. 목격자:** 30대 여성, 인사부서 평사원으로 채용 과정을 실무에서 담당했던 직원

**C. 리더:** 50대 남성, 기업 대표, 조직 내 원칙과 기준을 중요하게 여기는 것으로 알려짐

**D. 발생한 사건과 배경**

목격자가 입사한 지 얼마 안 되었을 때 새로 부임한 대표(리더)는 단기간으로 임기가 정해진 사람이었습니다. 임기 동안, 출신 대학의 교수 선배들로부터 제자를 채용해 달라는 청탁을 받았습니다. 학연 특성상 그런 부탁을 쉽게 거절하긴 어려운 상황이었습니다. 오랫동안 서로 이어진 관계가 있었기 때문입니다.

하지만 리더는 사람을 뽑는 데 있어 인연보다 실력이 중요하다고 판단했습니다. 본인이 계약직 경영자로 근무하는 기업이라 해도 마찬가지였습니다. 그는 모든 지원자에게 공정한 기준을 적용하기 위해 업무 역

량평가 시험을 새롭게 도입했습니다. 청탁을 넣었던 교수의 제자는 모두 불합격했고 오히려 전혀 인연이 없는 지원자들이 우수한 점수로 합격했습니다. 리더는 선배들로부터 "인간적인 정이 없다"라는 비난을 받기도 했습니다. 하지만 시험에서 떨어진 사람을 채용할 수 없으며, 직원은 역량으로 뽑는 것이 마땅하다는 입장을 고수했습니다.

그의 결정으로 채용된 직원들은 실제로 입사 이후 강한 실무 능력을 보여 줬고, 회사 내에서도 전문성과 일에 대한 책임감으로 인정받는 인재로 자리 잡았습니다.

### E. 목격자의 반응

인사 부서의 평사원으로서 그 과정을 지켜본 목격자는 그 일을 계기로 공정한 채용이 실제로 가능하다는 것을 체감했습니다. 이전에는 '채용이란 인맥과 학벌'이라는 회의적인 시선을 가졌지만, 대표가 마음을 먹으면 공정 채용이 이뤄질 수 있음을 보게 된 것입니다.

### F. 조직 내부의 반응

당시 대표의 의지로 채용 과정은 완전히 공개적이고 투명하게 진행되었습니다. 일부 임원들과 외부 인사들의 불만이 있었으나, 회사 내 기준은 흔들리지 않았습니다. 다만 이후에 새로 부임한 대표들이 다시 인맥 위주로 불투명한 채용을 진행하면서 조직 내 분위기가 다소 흐려지게 되었습니다.

### G. 리더의 반응

리더는 선배들로부터 실망스럽다는 말을 들으면서도 자신이 세운 원칙을 굽히지 않았습니다. 그는 선배들에게 이렇게 말했습니다. "이 회사는 학교가 아니라 조직입니다. 조직은 실력으로 세워져야 합니다."

**H. 경험자 및 주변인에게 남겨진 영향**
인사담당자였던 목격자뿐 아니라, 당시 입사한 직원들 역시 대표가 공정한 기회를 열어 주었다는 데 깊은 신뢰를 갖게 되었습니다. 또한 그에 대한 믿음이 이후의 조직문화에도 긍정적인 영향을 미쳤습니다. 공정한 채용은 단순히 누가 입사했는가의 문제가 아니라 입사한 사람들이 얼마나 자부심을 느끼고 성실히 일하는가로 이어졌습니다.
안타깝게도 다음에 부임한 대표들이 다시 불공정한 채용을 하면서 조직 내 분위기가 흐려졌지만, 그래도 한때나마 그런 자부심을 느꼈다는 것을 기억하고 있습니다.

**I. 시사점**
공정성 있는 리더는 차갑기만 한 사람이 아닙니다. 오히려 모두가 납득할 수 있는 명확한 규칙 아래에서 누구나 동등하게 존중받고, 동등한 출발선에 설 수 있도록 만드는 따뜻한 리더입니다.
하지만 현실에서는 여전히 채용을 비롯한 중요한 의사결정에서 인맥, 학벌, 배경이 실력보다 우선하는 경우가 적지 않습니다. 그런 관행은 조직 구성원들에게 깊은 좌절감을 안깁니다. 이 사례의 리더는 그런 관행에 단호히 "아니요"를 외쳤습니다. 선배들의 부탁도 명확한 기준으로 거절하고, 실력 있는 사람들에게 기회의 문을 열어 주었습니다.
공정성 있는 리더 아래에서 사람들은 "내 노력과 성실함이 언젠가는 인정받을 수 있다"라는 믿음을 갖게 됩니다. 그리고 그 믿음은 조직을 더욱 단단하고 건강하게 만드는 가장 큰 자산이 됩니다.

# 정리하며:
# 리더십의 두 얼굴

조직의 얼굴은 그 조직을 이끄는 리더의 얼굴과 닮아 있습니다. 사람들은 리더의 말 한마디에 기대를 품고, 리더의 행동 하나에 실망을 배우기도 합니다.

안타깝게도 우리 주변에는 존경스러운 리더보다는 그렇지 않은 리더들이 많습니다. 책임을 지지 않는 리더, 약속을 남발하고 지키지 않는 리더, 편애와 차별로 조직의 신뢰를 무너뜨리는 리더, 직원의 성과를 가로채고 실수는 전가하는 리더, 불의와 침묵의 공범이 된 리더가 우리에겐 더 익숙합니다.

이들은 겉으론 리더로 불리지만, 실상은 자신의 이익과 감정, 권력을 위해 공동체를 희생시키는 존재입니다. 그들의 그림자는 단지 직원을 실망시키는 것에서 끝나지 않습니다. 조직 내부의 신뢰를 갉아먹으며 사람을 병들게 하고, 조직을 망가뜨립니다.

하지만 그 반대편엔 조직과 직원을 '살리는 리더'들이 존재합니다. 그들은 회사에 효율적인 시스템을 남긴 사람이었고, 직원의 이름 하나하나를 기억하고, 말 한마디에 무게를 실어 주는 사람이었습니다. 공정한 채용을 위해 인맥의 압력도 단호히 거절했고, 직원의 아이디어에 진심으로 경청하며 성과의 공을 함께 나누기도 했습니다. 성찰로 부족함을 인정하고, 강점 있는 직원을 기꺼이 앞세우기도 했습니다.

이들의 사례가 우리에게 말해 주는 것은 다음과 같습니다.

"리더는 위에 있는 사람이 아니라, 함께 있는 사람이다."

이 한 문장이 그들의 태도와 실천을 설명해 줍니다.

우리는 조직을 움직이는 진짜 힘이 무엇인지 알고 있습니다. 그것은 권위나 직함이 아닙니다. 리더가 보여 준 존중, 공정, 책임, 신의, 양심 그리고 실력에 대한 믿음입니다. 이런 리더와 함께한 조직은 신뢰로 단단해지고, 그 신뢰는 위기를 이겨 내는 조직의 체온이 됩니다.

완벽한 리더를 요구하는 것이 아닙니다. 그림자가 전혀 없는 사람은 없기 때문입니다. 그러나 자신의 그림자를 들여다볼 줄 아는 리더, 스스로를 객관화하고, 타인의 입장을 상상할 줄 아는 리더는 조직을 바꾸고 사람을 살게 합니다.

이제 여러분에게도 묻습니다. 여러분은 어떤 리더로 기억되고 싶으신가요? 권력은 사라져도 기억은 남습니다.